PRIFYSGOL BANGOR, 1884–2009

Hawlfraint © David Roberts, 2009

Cedwir pob hawl. Ni cheir atgynhyrchu unrhyw ran o'r llyfr hwn na'i gadw mewn cyfundrefn adferadwy na'i drosglwyddo mewn unrhyw ddull na thrwy unrhyw gyfrwng electronig, mecanyddol, ffotogopïo, recordio nac fel arall heb ganiatâd ymlaen llaw gan Wasg Prifysgol Cymru, 10 Rhodfa Columbus, Maes Brigantîn, Caerdydd, CF10 4UP.

www.gwasgprifysgolcymru.org

Mae cofnod catalogio'r llyfr hwn ar gael gan y Llyfrgell Brydeinig.

ISBN 978-0-7083-2230-7
e-ISBN 978-0-7083-2281-9

Datganwyd gan David Roberts ei hawl foesol i'w gydnabod yn awdur i'r gwaith hwn yn unol ag adrannau 77, 78 a 79 o Ddeddf Hawlfraint, Dyluniadau a Phatentau 1988.

Argraffwyd gan CPI Antony Rowe, Chippenham, Wiltshire

PRIFYSGOL BANGOR
1884–2009

DAVID ROBERTS

GWASG PRIFYSGOL CYMRU
CAERDYDD
2009

I fyfyrwyr a staff
– y gorffennol, y presennol a'r dyfodol –
Prifysgol Bangor

Cynnwys

Rhestr lluniau ix
Byrfoddau xiii
Rhagair xv
Rhagymadrodd xvii

1 'Bydd gogledd Cymru a'i wraig yno':
   Y Dechreuad, 1884–1892   1

2 'Balliol Bach':
   Twf a Datblygiad, 1893–1927   23

3 'Y coleg rhyfedd a hardd ar y bryn ym Mangor':
   Dirwasgiad a Rhyfel, 1928–1945   35

4 'Roedd rhyw naws deuluol i'r lle i gyd':
   Ailadeiladu, 1945–1957   57

5 'Mae gan brifysgolion ddyletswydd i geisio cael lle i
   bawb sydd eisiau mynd iddynt':
   Her Ehangu, 1958–1976   69

6 'Ar anwadal donnau':
   Gwrthdaro ac Argyfwng, 1976–1984   91

7 'Rwy'n sicr mai gweithredu'n radical sy'n iawn':
   Ymateb i Newid, 1984–2009   107

Nodiadau 135
Mynegai 145

Rhestr lluniau

1 Diwrnod y Sefydlu – 18 Hydref 1884 – yn y Penrhyn Arms.
2 Y Senedd gyntaf, gyda Reichel yn y canol (yn eistedd).
3 Syr Harry Reichel, Prifathro, 1884–1927.
4 W. Cadwaladr Davies, y Cofrestrydd cyntaf.
5 Iarll Powis, y Llywydd cyntaf.
6 William Rathbone, Llywydd, 1892–1900.
7 Cynhyrchiad o *Twelfth Night* gan y myfyrwyr ar Ddydd Gŵyl Ddewi, 1903.
8 Rhai castiau'n ysgogi tipyn o gellwair ysgafn yn y wasg.
9 Y Brenin Edward VII yn gosod carreg sylfaen y Prif Adeilad yng Ngorffennaf 1907.
10 Y garreg sylfaen ddwyieithog – mewn Cymraeg a Lladin.
11 Agor y Prif Adeilad, 1911. Yr Arglwydd Kenyon yn dechrau'r cyfarfod, gyda'r Brenin George V yn eistedd ar y llwyfan.
12 John Morris-Jones (chwith) a David Lloyd George y tu allan i Neuadd Prichard-Jones ar ôl agoriad y Prif Adeilad.
13 Yr awdur Kate Roberts a raddiodd ym 1912.
14 Corfflu Hyfforddi Swyddogion y Coleg, yn cael eu harchwilio gan y Prifathro ym 1912.
15 Labordy Ffiseg.
16 Tîm rygbi'r Coleg ym 1925/26.
17 Syr John Edward Lloyd, a wasanaethodd yr un pryd fel Athro Hanes, Cofrestrydd a Llyfrgellydd Mygedol.
18 Syr Emrys Evans, Prifathro, 1927–58.
19 F. W. Rogers Brambell ar gwrs maes swoleg môr, Pasg 1933. Roedd dyddiadau tymhorau'n cael eu pennu yn unol â gwybodaeth am y llanw – 'llanwau Brambell' fel roeddent yn cael eu galw.
20 Syr Ifor Williams, Athro'r Gymraeg a 'brenin ysgolheigion Celtaidd'.

21 Wynn Wheldon, Cofrestrydd, 1920–33.
22 Y Coleg adeg y Rhyfel: myfyrwyr a sachau tywod ar deras y Prif Adeilad.
23 Y labordy Ffiseg a sefydlwyd ar fyr rybudd mewn hen siop feics ar Stryd Fawr Bangor – llun o 1942. (Atgynhyrchwyd trwy ganiatâd Gwasanaethau Llyfrgell UCL ac Adran Ffiseg a Seryddiaeth UCL.)
24 Darluniau gwerthfawr o'r Oriel Genedlaethol yn cael eu dadlwytho yn Neuadd Prichard-Jones ym 1939. (Atgynhyrchwyd trwy ganiatâd caredig BRB [Residuary] Ltd.)
25 Y Prif Adeilad yn niwedd y 1930au.
26 Y 'Gerddorfa Hyfforddi Oedolion', dan arweiniad E. T. Davies, y Cyfarwyddwr Cerdd cyntaf, a feddyliodd am y syniad o 'ddarlith-gyngherddau'.
27 Y Prif Weinidog Clement Attlee yn derbyn gradd er anrhydedd ar lwyfan Neuadd Prichard-Jones ym 1949.
28 Westbury Mount ym Mhorthaethwy, a brynwyd yn gartref i'r Orsaf Bioleg Môr yn y 1950au.
29 I lawer o fyfyrwyr, Neuadd Prichard-Jones oedd y lle am 'hops' y Coleg (ac arholiadau!).
30 Y peiriannydd trydanol adnabyddus, Syr Willis Jackson (trydydd o'r chwith) ar achlysur agor yr adeilad Peirianneg Electronig yn Stryd y Deon, gyda'r Prifathro Charles Evans (ail o'r dde).
31 Cyngor Cynrychioli'r Myfyrwyr, 1956/57. Y Llywydd oedd R. Gerallt Jones, yr awdur a'r bardd.
32 Y Ffreutur wreiddiol, sydd nawr wedi'i rhannu'n ystafelloedd dysgu.
33 Charles Evans, Prifathro, 1958–84. Darlun gan John Merton ym 1972.
34 Yr Arglwydd Hailsham (ar y dde) ar achlysur agor yr Adeilad Ffiseg newydd ym 1962.
35 'The Tutor' gan Brecht, yn cael ei pherfformio gan y Gymdeithas Ddrama Saesneg ym 1965.
36 W. Charles Evans (gyda'r cetyn) yn trafod ag ôl-raddedigion ac ymchwilwyr mewn Biocemeg – daeth un ohonynt, Douglas Ribbons (ail o'r dde) yn ddiweddarach yn Athro Biocemeg a Gwyddor Pridd.
37 Pwyllgor Gwaith Undeb y Myfyrwyr, 1963–4, yn Ystafell y Cyngor.
38 Dennis Crisp, un o wyddonwyr môr mwyaf dylanwadol y byd, yn y 1960au.

39 J. Gwynn Williams, Athro Hanes Cymru ac Is-Brifathro o 1974 tan 1979.
40 William Mathias (ar y chwith), Athro Cerddoriaeth, gyda Gordon Lamb, Pennaeth Adran ar ymweliad o Brifysgol Texas ym 1976. (Atgynhyrchwyd trwy ganiatâd caredig Rhiannon Mathias.)
41 Bedwyr Lewis Jones, Athro'r Gymraeg, 1973–92.
42 Myfyrwyr Neuadd John Morris-Jones a staff dysgu cyfrwng Cymraeg ar ddechrau'r 1980au.
43 Y Prifathro Syr Charles Evans (ar y chwith), yr Arglwydd Kenyon, Llywydd (canol) ac Eric Hughes, Cofrestrydd, mewn cyfarfod o'r Llys yn niwedd y 1970au.
44 Myfyrwyr yn protestio yn Ionawr 1979, gyda phlismyn yn cadw golwg arnynt.
45 Tîm rygbi'r Coleg, 1979/80.
46 Eric Sunderland, Prifathro, 1984–95.
47 Y canmlwyddiant: Eric Sunderland (Prifathro) a Syr William Mars-Jones (Llywydd) yn arwain gorymdaith y canmlwyddiant o bortico'r Penrhyn Arms yn Hydref 1984.
48 Agorwyd neuaddau *en suite* newydd i fyfyrwyr ar safle Ffriddoedd ym 1993.
49 Daeth yr Hen Goleg, adeilad gwreiddiol y Coleg Normal, yn rhan o'r Brifysgol ym 1996 ac mae'n gartref erbyn hyn i Ysgol Busnes Bangor.
50 Y bardd R. S. Thomas, a wrthododd Gadair er Anrhydedd yn y 1980au mewn protest yn erbyn polisi llywodraethol, ond a dderbyniodd gadair yn ddiweddarach yn y 1990au.
51 Roy Evans, Is-Ganghellor, 1995–2004.
52 Yr Arglwydd Cledwyn o Benrhos yn dadorchuddio darlun ohono'i hun ar ei ymddeoliad fel Llywydd yn Rhagfyr 2000.
53 Merfyn Jones, Is-Ganghellor er 2004.
54 Myfyrwyr yn gwirfoddoli: sesiwn gelf a chrefft i blant lleol yng Ngerddi Botaneg Treborth.
55 Côr Siambr y Brifysgol yn ymarfer gyda'r Fonesig Kiri te Kanawa yn 2003.
56 Yr awdur Philip Pullman, Cymrawd er Anrhydedd ac Athro er Anrhydedd yn y Brifysgol, yn darlithio ym Mhrif Ddarlithfa'r Celfyddydau yn 2006.

57 Yr Arglwydd Elis-Thomas (Llywydd) a Thywysog Cymru yn y seremoni yn Neuadd Prichard-Jones ym Mehefin 2007 i nodi canmlwyddiant gosod carreg sylfaen Prif Adeilad y Brifysgol.
58 Y Prif Weinidog Gordon Brown, gyda'r Is-Ganghellor Merfyn Jones, yn sgwrsio gyda myfyriwr ar achlysur agor 'Canolfan yr Amgylchedd Cymru' yn Chwefror 2008.

Byrfoddau

AUT	Cymdeithas Athrawon Prifysgol
BUA	Archifau Prifysgol Bangor
DNB	*Y Bywgraffiadur Cymreig*
FRS	Cymrawd y Gymdeithas Frenhinol
HEFCW	Cyngor Cyllido Addysg Uwch Cymru
MHT	Mountain Heritage Trust
NEWI	Athrofa Addysg Uwch Gogledd Ddwyrain Cymru (a ailenwyd Prifysgol Glyndŵr yn 2009)
RAE	Ymarfer Asesu Ymchwil
UCCA	Cyngor Canolog y Prifysgolion ar gyfer Derbyniadau
UCNW	Coleg Prifysgol Gogledd Cymru
UCNW	J. Gwynn Williams, *The University College of North Wales: Foundations, 1884–1927* (Cardiff, 1985)
UCW	E. L. Ellis, *The University College of Wales, Aberystwyth, 1872–1972* (Cardiff, 1972)
UGC	Pwyllgor Grantiau Prifysgol
UMCB	Undeb Myfyrwyr Colegau Bangor
WDA	Awdurdod Datblygu Cymru

Rhagair

Mae Prifysgol Bangor wedi bod yn rhan greiddiol o'm bywyd deallusol. Yn 17 oed, mewn pwl o snobyddiaeth wrthdroëdig, sydd wedi bod yn nodwedd ohonof ers hynny, gwrthodais wrando ar gyngor prifathro fy hen ysgol ramadeg i wneud cais i Goleg Iesu, Rhydychen. Yn hytrach, gweithiais i ennill Ysgoloriaeth William James Lewis i Goleg Prifysgol Gogledd Cymru – fel yr oedd bryd hynny – ym Mangor. Roeddwn yn dilyn yn ôl troed fy nhad, rhywbeth sy'n nodweddiadol o hyd o'r 'Brifysgol deuluol' hon, er bod ynddi 11,000 o fyfyrwyr bellach.

Bu ef yn un o sêr cyfieithiadau arloesol yr Athro Ifor Williams o ddramâu modern Ibsen i'r Gymraeg yn y 1920au, yn ogystal â hanerwr gwydn a chyflym ar y cae rygbi, un o selogion y cylchoedd ysmygu rhyng-brifysgol ac aelod o Gyngor Cynrychioli'r Myfyrwyr, cyn cefnu ar y llwyfan a rhoi ei fryd ar y pulpud gan ddod yn fyfyriwr diwinyddol gyda'r Presbyteriaid. Dilynais ef yn y rhan fwyaf – ond nid y cyfan – o'r agweddau hynny.

Yn Undeb y Myfyrwyr, ar lwyfan Neuadd P-J (Neuadd Prichard-Jones) mewn cyfarfodydd cyffredinol chwyldroadol eu naws oddeutu 1968, neu yn ystafelloedd myglyd yr hen Danrallt, mewn dadleuon rhyng-brifysgol, neu'n heclo gwleidyddion ar ymweliad, y megais fy archwaeth at wleidyddiaeth. Ac fel myfyriwr ysgoloriaeth, a faldodwyd am dair blynedd yn Neuadd Reichel, y dysgais fod yn gymdeithasol, yfed sieri yn yr ystafell gyffredin a gwinoedd coeth gyda phrydau ffurfiol o gigoedd Cymreig o safon. Ni oedd y genhedlaeth gyntaf o fyfyrwyr i gael gwahodd merched i'n hystafelloedd ein hunain ar brynhawniau Sul trymaidd, rhwng gemau croce pwysig ar lawntiau llyfn Reichel.

Ar ôl graddio yn Ysgol dra ysgolheigaidd y Gymraeg, euthum ymlaen i wneud gwaith ymchwil. Yn ddiweddarach bûm yn dysgu drama'n ddwyieithog yn Ysgol y Saesneg, a chwblheais Ph.D. mewn hanes a theori llenyddiaeth o drwch blewyn o fewn y rheoliadau cyflwyno. Erbyn hynny roeddem yn cael ein galw'n Brifysgol Cymru, Bangor, enw nad oedd o fawr fantais i ni yn fy marn i. Bu olynu cyfaill agos fy nhad ac arwr fy ieuenctid, yr Arglwydd Cledwyn, yn achlysur cymysg o orfoledd a thristwch, a chael cyfle fel Llywydd i wisgo'r gwisgoedd rhyfeddol hynny mewn seremonïau graddio yn yr un Neuadd P-J lle graddiais.

Mae yna ofidiau hefyd, nid yn unig rai personol o golli cyfeillion a chydweithwyr dros y blynyddoedd, ond rhai'n ymwneud â methiannau sefydliadol yn ogystal. I mi, cyfnod neilltuol o ymddieithrio oedd hwnnw pan fu Bangor yn faes brwydr dros hawliau iaith dwyieithog, ymdrech y methodd yr awdurdodau ar y pryd ag ymateb yn gadarnhaol iddi. Rwy'n difaru na cheisiais o ddifrif wella fy mherthynas â'r Prifathro Syr Charles Evans nes yr oedd yn rhy hwyr. Ond erbyn hyn mae'r Gymru honno'n teimlo fel gwlad arall!

Yr unig beth sy'n rhagori ar fy mhleser o fod yn ŵr gradd, ôl-radd, aelod staff ac, yn olaf, Llywydd fy Mhrifysgol yw fy malchder diben-draw yn ein statws newydd fel Prifysgol annibynnol â'i phwerau i ddyfarnu ei graddau ei hun. Mae Bangor yr un pryd y fwyaf Cymreig o'n prifysgolion o ran iaith ac agwedd a'r fwyaf rhyngwladol o ran dyheadau ac ansawdd deallusol, gan wasanaethu ei chymuned gyfagos drwy ehangu gorwelion disgwyliadau. Rwy'n gobeithio y mwynhewch yr ymdriniaeth wych hon â thwf a datblygiad y sefydliad. Rydym yn ymfalchïo'n afieithus yn y ganrif a chwarter o'n hanes teuluol fel hen Goleg y Gogledd sydd, fel Prifysgol Bangor bellach, yn dal i gyhwfan â balchder faner y Tywysog Llywelyn.

Y Gwir Anrhydeddus Arglwydd Elis-Thomas, AC
Llywydd, Prifysgol Bangor

Rhagymadrodd

Mae dathliadau pen-blwydd yn dra niferus y dyddiau hyn. Gall rhai ymddangos yn eithriadol ddibwys, tra bo arwyddocâd dwfn i eraill. Cyrhaeddir sawl carreg filltir nodedig yn 2009: mae'n 80 mlynedd ers 'Cwymp Wall Street', 70 mlynedd ers dechrau'r Ail Ryfel Byd, a hanner canrif ers marw Buddy Holly. Mae'n debyg nad yw sefydlu prifysgol i'w gymharu, o ran pwysigrwydd hanesyddol nac effaith cyhoeddus, â'r cyfryw ddigwyddiadau. Eto i gyd, bydd yn taro tant, yn bersonol a dwfn, gyda chenedlaethau o fyfyrwyr, staff a'u teuluoedd. Ysgrifennwyd y llyfr hwn i ddathlu 125 mlynedd ers agor Prifysgol Bangor. Mae'n adrodd hanes sefydliad addysgol mawr, sy'n ymwybodol iawn o'i orffennol, yn aml yn rhy ddiymhongar ynglŷn â'i orchestion ac sy'n wynebu'r dyfodol gyda balchder a hyder.

Nid cynhyrchu hanes cynhwysfawr o holl adrannau'r Brifysgol oedd fy mwriad. Bydd llawer, rwy'n amau, a fydd yn gresynu na chyfeiriwyd at ddatblygiad pwnc arbennig neu ddigwyddiad adrannol, neu at wahanol unigolion. Yn ei hanfod, hanes cyffredinol o'r Brifysgol yw'r llyfr gan roi arolwg eang o'i datblygiad. Rwyf wedi cynnwys yr hyn a ymddangosai i mi yn benodau a datblygiadau diddorol a phwysig. Fel y dywedodd A. J. P. Taylor unwaith, 'History is a version of events.' Dyma fy fersiwn i.

Hoffwn ar y dechrau egluro un mater yn ymwneud ag arddull. Er mwyn cysondeb, rwyf wedi ymdrin ag enwau'r holl bobl a nodir, boed yn fyw neu wedi marw, yn yr un dull, drwy gyfeirio fel rheol at eu henw cyntaf (neu lythrennau cyntaf) a'u cyfenw. Ni ddefnyddir teitlau, ac eithrio mewn un neu ddau o achosion.

Mae gennyf sawl dyled i'w chydnabod. Yn gyntaf ac yn bennaf, hoffwn fynegi fy niolch gwresocaf i'r Athro Emeritws J. Gwynn Williams, y mae ei lyfr meistrolgar *The University College of North Wales: Foundations, 1884–1927*, a gyhoeddwyd ym 1985, yn fan cychwyn amlwg i unrhyw un sydd â diddordeb yn hanes y Brifysgol a'i gwreiddiau. Wrth gwrs, mae Gwynn nid yn unig yn hanesydd y Brifysgol, ond hefyd yn gyn fyfyriwr ac aelod staff uwch yn ystod cyfnod tyngedfennol yn ei hanes. Rwyf yn ei adnabod ers 30 mlynedd ond mae'r arweiniad a'r gefnogaeth hael a gefais ganddo yn ystod y project hwn yn llawer mwy nag y gallwn erioed fod wedi'i ddisgwyl. Darllenodd Gwynn ddrafft o'r llyfr cyfan ac rwyf wedi elwa'n fawr oddi wrth ei sylwadau a'i gyngor. Rwy'n hynod ddiolchgar hefyd i'r Athro Merfyn Jones, hanesydd Cymreig adnabyddus arall yn ogystal ag Is-Ganghellor y Brifysgol, am ei anogaeth a'i gyngor ar hyd y daith.

Mawr yw fy nyled i Einion Thomas, Archifydd y Brifysgol, sydd wedi fy arwain yn dra medrus drwy Archifau cyfoethog a rhyfeddol y Brifysgol. Bu Einion yn barod ei gymorth yn ddi-feth drwy holl gamau'r project hwn. Cefais gymorth hefyd gan Maxine Willett o'r Mountain Heritage Trust, Nicholas Donaldson, Archifydd Cynorthwyol yr Oriel Genedlaethol a Steven Wright o Wasanaethau Llyfrgell Coleg y Brifysgol, Llundain, ar faterion penodol. Bu Mr Griff Jones yn garedig yn rhoi benthyg i mi ddeunydd yn ymwneud â'i dad, E. H. Jones (y Cofrestrydd yn ystod y 1930au), a chefais ddogfennau gwerthfawr gan Mr G. B. Owen, yr Athro Charles Stirling a'r Athro Gareth Roberts. Rwy'n hynod ddiolchgar i Mrs Eleri Wynne Jones am ganiatáu'n garedig i mi ddefnyddio papurau'r diweddar Athro Bedwyr Lewis Jones; ac i Mr Dafydd Glyn Jones am dynnu fy sylw at ddogfennau personol pwysig yr oedd wedi eu rhoi yn yr Archifau. Hoffwn ddiolch hefyd i Mr Alwyn Owens am roi i mi ei waith ar yrfa W. E. Williams. Fe wnaeth amryfal gydweithwyr eraill roi benthyg llyfrau a phapurau i mi neu fy arwain at ddeunydd diddorol. Diolch yn ogystal i Alan Parry, Elinor Elis-Williams, David J. Roberts, Wyn Thomas a Sarah Wale am gynorthwyo gyda'r lluniau.

Rwy'n fawr fy nyled i nifer o gyn fyfyrwyr a chyn aelodau staff a anfonodd wybodaeth ac atgofion ysgrifenedig ataf. Hoffwn ddiolch yn neilltuol i Mr Michael Barnett, Dr Gwyn Chambers, Ms Ann Clwyd AS, Dr Meredydd Evans, Dr Raymond Garlick, Dr Geraint Stanley Jones, Dr John Perkins, Ms Mair Barnes, Mr William G. Smith a Mr Andrew R. Thomas. Cafodd atgofion a gofnodwyd gan Dr Keith Ingold, Syr Dai Rees a'r Athro W. H. Whelan eu trosglwyddo'n garedig i mi gan Syr John Meurig Thomas.

Bu i mi hefyd elwa'n fawr iawn trwy gyfweliadau ffurfiol neu sgyrsiau anffurfiol â'r canlynol, a oedd â gwybodaeth uniongyrchol am ddatblygiadau a phobl allweddol yn yr hanes: yr Athro Colin Baker, yr Athro Tony Brown, yr Athro Juan Castilla, yr Arglwydd Elis-Thomas AC, yr Athro Roy Evans, yr Athro John Farrar, yr Athro Ted Gardener, yr Athro W. Gareth Jones, Mr Griff Jones, Dr Geraint Stanley Jones, Mr Huw Elwyn Jones, yr Athro Fergus Lowe, yr Athro Densil Morgan, Ms Jan Morris, Mr G. B. Owen, Mr Alwyn Owens, Dr Dafydd Wyn Parry, Mr Jim Perrin, Dr Alwyn Roberts, yr Athro Gareth Roberts, Dr Gwyneth Roberts, yr Athro Ray Seed, yr Athro Eric Sunderland, yr Athro Charles Stirling, yr Athro Martin Taylor, Mr Dafydd ap Thomas, yr Athro Syr John Meurig Thomas, yr Athro Gwyn Thomas, Mr Gwyn R. Thomas, Ms Nans Wheldon, yr Athro J. Gwynn Williams, yr Athro Gareth Wyn-Jones. Rwy'n ddiolchgar hefyd i Michelle Walker, myfyriwr Ph.D. yn yr Ysgol Hanes a Hanes Cymru, am drawsgrifiadau o'i chyfweliadau ag amryw aelodau staff sydd wedi gwasanaethu ym Mangor am gyfnod maith.

Mae'n rhaid i mi ddiolch yn gynnes i Dawi Griffiths sydd wedi cyfieithu'r llyfr i'r Gymraeg yn ddyfal a medrus a hefyd i Sylvia Prys Jones am ddarllen y fersiwn Gymraeg a rhoi sylwadau arni. Mae hyn wedi cynyddu fy edmygedd o gyfieithwyr yn gyffredinol, ac o Uned Gyfieithu'r Brifysgol yn neilltuol. Bu Sarah Lewis o Wasg Prifysgol Cymru hefyd yn eithriadol amyneddgar a pharod ei chymorth drwy'r adeg.

Am yr holl arbenigedd ysgrifenyddol a thechnegol – a roddodd yn ddiwarafun ar ben ei baich gwaith arferol a gofalu am ddau o blant ifanc – rwy'n hynod ddiolchgar i'm cynorthwywr personol Dawn-Marie Owen.

Mae fy nyled olaf i'm gwraig, Dorreen, oherwydd heb ei chefnogaeth anhunanol hi ni ellid bod wedi ysgrifennu'r llyfr.

David Roberts
Bangor

1

'Bydd gogledd Cymru a'i wraig yno'
Y Dechreuad, 1884–1892

'I consider the act of those quarrymen of Penrhyn. It is a noble thing for men sitting round this table to give their hundreds and their thousands; but for a poor man to give his £1 or his £5 out of his daily earnings means to deny himself something. That is real sacrifice.'[1]

Roedd sylw A. J. Mundella ar agoriad Coleg Prifysgol Gogledd Cymru ym 1884 yn ymgorffori'r rhamant a'r arwriaeth a nodweddai ddechreuadau Coleg y Brifysgol. Cafwyd araith rymus – a fylchid gan guro dwylo cyson – gan Mundella, a oedd yn Is-Lywydd y Bwrdd Addysg yn llywodraeth Gladstone, ac roedd 18 Hydref 1884 yn ddydd o lawen chwedl ym Mangor. Roedd ymgyrch nerthol wedi gorchfygu. Eto i gyd, genedigaeth anodd a chynhennus a gafodd Coleg y Brifysgol.

Roedd yr ymgyrch dros addysg brifysgol yng Nghymru wedi'i chysylltu'n annatod ar hyd y canrifoedd ag ymgyrchoedd dros genedligrwydd Cymreig. Yn wir, pe bai gwrthryfel Owain Glyndŵr wedi llwyddo yn nechrau'r bymthegfed ganrif, gallai ei weledigaeth ym maes addysg uwch – sef cael prifysgol yr un yng ngogledd a de Cymru – fod wedi arwain at sefydlu prifysgol ym Mangor cyn St Andrews (1412), Glasgow (1451) neu Goleg y Drindod, Dulyn (1591). Fel ag yr oedd pethau, roedd addysg uwch yng Nghymru yn llusgo ymhell ar ôl yr Alban ac Iwerddon, yn ogystal â Lloegr. Erbyn 1600 roedd gan yr Alban bedair prifysgol – dros ddwy ganrif yn ddiweddarach nid oedd gan Gymru yr un o hyd. Fodd bynnag, wrth i deimladau cenedlaethol ddechrau cyniwair yng Nghymru ganol y bedwaredd ganrif ar bymtheg, felly hefyd dechreuodd mudiad newydd i sefydlu prifysgol Gymreig ennill tir. Cyhoeddwyd pamffledi, cyflwynwyd papurau mewn cynadleddau a dechreuodd Cymry amlwg, yn arbennig yn Llundain, ymgyrchu dros yr achos. Daeth Coleg y Brifysgol yn Aberystwyth i fodolaeth bron trwy ddamwain ym 1872 pan ddaeth y Castle Hotel yn y dref ar werth, ond bu'n rhaid iddo frwydro'n bur galed i gael ei draed dano heb gyllid gan y llywodraeth ac fe'i disgrifiwyd fel 'the Ishmael of Colleges' gan un sylwebydd.[2] Roedd addysg uwch yn parhau'n druenus o annigonol wrth i Gymru wynebu chwarter olaf y ganrif.

Daeth pwysau am newid o du aelodau seneddol Cymreig ac, mewn dadl ar y pwnc yn Nhŷ'r Cyffredin yng Ngorffennaf 1879, cafwyd ymateb ffafriol gan Gladstone. Flwyddyn yn ddiweddarach, pan etholwyd Gladstone yn Brif Weinidog am yr eildro, sefydlodd 'bwyllgor adrannol' i ymchwilio i addysg uwch a chanolraddol yng Nghymru. Ei gadeirydd oedd yr Arglwydd Aberdâr, cyn Ysgrifennydd Cartref Rhyddfrydol ac, ar y pryd, Llywydd Coleg Prifysgol Aberystwyth. Roedd aelodau eraill yn cynnwys Henry Richard AS (Is-Lywydd yn Aberystwyth), Lewis Morris (Ysgrifennydd Mygedol yn Aberystwyth) a John Rhŷs o Rydychen (un o lywodraethwyr Aberystwyth). I bob golwg, roedd popeth i'w weld o blaid hybu datblygiad a chynnydd y coleg yn Aberystwyth. Ond nid felly y bu.

Roedd Adroddiad Aberdâr, a gyhoeddwyd yn Awst 1881, yn adroddiad eithriadol bwysig yn hanes addysg uwch yng Nghymru. Nid oedd ei thema ganolog yn anghyfarwydd: argymhellai'n syml y dylid cael un coleg prifysgol yng ngogledd Cymru ac un yn ne Cymru. Fodd bynnag, yn dilyn hyn cafwyd sylw tyngedfennol yn yr adroddiad: sef bod rhaid i'r coleg yn Aberystwyth 'whether retained on its present site or removed to Caernarvon [sic] or Bangor'[3] gael ei dderbyn fel y coleg i ogledd Cymru.

Mae'n sicr i'r 12 gair hynny seinio fel cnul angau yng nghlustiau Aberystwyth. Roeddent yn bwrw amheuaeth ar ei barhad gan agor nifer o bosibiliadau eraill. O fewn misoedd roedd ymgyrch o blaid Bangor wedi dechrau. Yn gynnar ym 1883, addawyd grant o £4,000 y flwyddyn gan y llywodraeth i'r ddau goleg newydd yng Nghymru. Roedd y ffordd ymlaen, fodd bynnag, yn llawn chwerwder, ymgecru a dryswch. Y cwestiwn canolog oedd lleoliad y coleg yng ngogledd Cymru, os nad oedd i fod yn Aberystwyth. Mewn cyfarfod yng nghartref yr Arglwydd Aberdâr yn Llundain, cytunwyd i gynnull cynhadledd i drafod y mater hwn yng Nghaer yn Ionawr 1883. Afraid dweud i Aberystwyth ymladd brwydr unfed awr ar ddeg ddewr am ei heinioes yng Nghaer, ond roedd ffigurau dylanwadol o ogledd Cymru a oedd yn bresennol yn fwy niferus na phleidwyr tre'r canolbarth a hwy gariodd y dydd. Dywedwyd pethau llym, a methiant fu gwelliant o blaid Aberystwyth – ond, heblaw am hynny, ni lwyddodd cynhadledd Caer i ddatrys fawr ddim. Yna penodwyd pwyllgor safle, yn cynnwys amrywiol gynrychiolwyr swyddogol o ogledd Cymru, dan arweiniad Iarll Powis.

Ni lwyddodd y pwyllgor safle i roi'r ateb chwaith, ond ym Mai 1883, fe wnaethant argymell cyfeirio'r mater at dri chanolwr: yr Arglwydd Carlingford, A. J. Mundella (y gweinidog yn y llywodraeth) a'r Arglwydd Bramell (barnwr wedi ymddeol). Roedd hwn yn symudiad craff gan fod y tri'n uchel eu parch. Roeddent eisoes wedi cyflawni'r un dasg yn ne Cymru, gan ddewis Caerdydd ym Mawrth 1883. Cafwyd tipyn mwy o drafferth, fodd bynnag, i wneud penderfyniad ar gyfer y gogledd.

Tra oedd y Gogleddwyr yng nghynhadledd Caer wedi mynegi'n ddiamwys eu bod eisiau cael coleg prifysgol yng ngogledd Cymru, nid oeddent mor gytûn ynglŷn â'i union leoliad. Efallai i Gaernarfon a Bangor gael eu crybwyll yn Adroddiad Aberdâr, ond daeth cystadleuwyr eraill i'r maes ym 1883. Yn wir, ar ddechrau'r broses gyflafareddu roedd 13 o drefi yn cyflwyno eu hachos dros fod yn safle i'r coleg prifysgol yng ngogledd Cymru.

Symudodd y canolwyr yn gyflym i roi chwe thref ar y rhestr fer – Bangor, Caernarfon, Conwy, Dinbych, y Rhyl a Wrecsam. Ymddengys fod y Rhyl wedi cyflwyno achos pur anarferol a oedd wedi ei seilio ar hinsawdd y dref ac 'a supply of free ozone'.[4] Roedd gan Ddinbych ar y llaw arall y golygydd anghydffurfiol radical, Thomas Gee (perchennog *Y Faner*) i ymladd ei hachos. Wrecsam oedd y dref fwyaf yng ngogledd Cymru ac roedd yn agos at ardal ddiwydiannol a glofaol, a hefyd nid nepell o ardaloedd trefol a gwledig dros y ffin yn Lloegr. Roedd

Caernarfon, a ystyrid yn aml ar y pryd yn brifddinas gogledd Cymru, wedi elwa oddi wrth dwf y diwydiant llechi, tra oedd Bangor, a oedd hefyd yn allforio llechi o Borth Penrhyn, wedi cael ei thrawsnewid yn aruthrol gyda dyfodiad y rheilffyrdd ganol y bedwaredd ganrif ar bymtheg. Roedd tai a gwestai wedi cael eu hadeiladu yno ac, yn bwysig, roedd y Coleg Normal, coleg a sefydlwyd yn bennaf i hyfforddi athrawon, wedi bod yn agored yno er 1858.

I gyd-fynd â'r weledigaeth a ysbrydolodd arweinwyr y mudiad dros goleg prifysgol yng ngogledd Cymru, cafwyd gwroldeb ac aberth y chwarelwyr, ffermwyr ac eraill yn y rhanbarth a roddodd arian ('ceiniogau'r tlodion' fel y'u gelwid) tuag at gost sefydlu'r coleg. Roedd cynhadledd Caer wedi penderfynu codi arian ar gyfer y coleg yng ngogledd Cymru – lle bynnag y byddai – ac addawyd £1,000 yr un gan nifer o unigolion cefnog a oedd yn bresennol yng Nghaer, yn cynnwys Dug Westminster a William Rathbone AS. Cofleidiwyd yr achos yn frwd hefyd gan chwarelwyr y Penrhyn a Dinorwig, gan gynnal cyfarfodydd amser cinio i addo arian. Yn un o'r rhain, yn Ebrill 1883, addawyd £86 yn syth i'r coleg yng ngogledd Cymru gan 42 o chwarelwyr: 'Dyna engraifft o'r teimlad sydd yn meddianu Chwarelwyr Bethesda ar y mater,' ysgrifennodd ysgrifennydd pwyllgor y chwarelwyr.[5] Cyfrannodd llawer o weithwyr swm penodol o'u cyflog ac, yn y pen draw, cododd y chwarelwyr dros £1,250. Erbyn diwedd 1884, cafwyd cyfanswm o £37,000 gan oddeutu 8,000 o danysgrifwyr, pob un ac eithrio carfan fechan iawn wedi rhoi llai na £100. Mae hyn i gyd yn awr yn rhan o stori fawr ramantus sefydlu coleg y brifysgol ym Mangor ac ni ddylid ei bychanu: yn ddiddadl bu delfrydiaeth a chryfder y gefnogaeth leol hon o gymorth i lywio penderfyniad y canolwyr.

Fodd bynnag, roedd yn ymddangos bod bron cymaint o ddadleuon yn erbyn Bangor ag a oedd o'i phlaid. Roedd enghreifftiau o iechyd ac amodau cymdeithasol gwael yno (ni fu achos o'r teifoid ym 1882 o gymorth) ac roedd gwrthdaro crefyddol a gwleidyddol cryf yn y ddinas hefyd. Nid oedd y ffaith bod llawer yn ystyried Bangor fel cadarnle Torïaeth ac Anglicaniaeth – trwy ddylanwad yr Arglwydd Penrhyn a phresenoldeb yr eglwys gadeiriol – yn plesio rhai o hyrwyddwyr Anghydffurfiol a Rhyddfrydol addysg brifysgol yng Nghymru. Fe wnaeth un llythyrwr at bapur newydd ddwyn i gof ddisgrifiad y bardd Caledfryn o Fangor fel 'nest of bats and owls'.[6]

Ar 24 Awst 1883, cyhoeddwyd penderfyniad y canolwyr. Bangor oedd y safle a ddewiswyd ar gyfer coleg prifysgol gogledd Cymru ac roedd y penderfyniad yn unfrydol. Ni roddasant unrhyw resymau dros y canlyniad hwn ac ni fyddent yn derbyn unrhyw apeliadau. Bu'r llawenydd ym Mangor yn ddigymysg. Gwrthodwyd ystyried protestiadau munud olaf o Aberystwyth a pharhaodd peth o chwerwder yr ymgyrch am sawl blwyddyn i ddod. Diolch i'r drefn, goroesodd Aberystwyth hefyd wrth gwrs, ac fe'i cynorthwywyd gan benderfyniad y llywodraeth y dylai dderbyn yr un grant â Bangor a Chaerdydd.

Nid ar chwarae bach y sefydlir coleg prifysgol ac unwaith y gwnaed y penderfyniad, prysurodd y gweithgarwch. Lluniwyd siarter a chyfansoddiad ar gyfer y coleg prifysgol ac fe'u cymeradwywyd gan y Cyfrin Gyngor yn Hydref 1883. Gan ddilyn arweiniad Caerdydd, roedd merched i'w croesawu'n aelodau llawn o'r coleg ac, yn arwyddocaol, roedd y coleg i fod yn annibynnol ar unrhyw ddylanwad neu reolaeth grefyddol. Byddai'r myfyrwyr yn astudio ar gyfer graddau Prifysgol Llundain, fel y gwnâi myfyrwyr llawer o golegau prifysgol newydd yn y bedwaredd ganrif ar bymtheg.

Yn rhinwedd ei swydd fel llywydd pwyllgor safle gogledd Cymru, cymerodd Iarll Powis ran flaenllaw yn y gwaith paratoadol, ynghyd â William Rathbone, y cyn wleidydd a dyn busnes o Lerpwl a oedd wedi ei ethol yn AS dros Sir Gaernarfon ym 1880. Roedd deon Bangor a Thomas Gee yn amlwg hefyd. Chwaraewyd rhan bwysig arall gan Henry Jones, a oedd bryd hynny'n ddarlithydd ifanc eithriadol ddisglair mewn Athroniaeth yn Aberystwyth. Gadawodd Jones, a oedd yn fab i grydd o Sir Ddinbych, yr ysgol yn 12 oed gan fynd yn brentis crydd ei hun. Ond, ar ôl ennill ysgoloriaeth i'r Coleg Normal ym Mangor yn 18 oed, hyfforddodd fel athro, daeth yn weinidog gyda'r Methodistiaid Calfinaidd ac aeth ymlaen i astudio Athroniaeth ym Mhrifysgol Glasgow. Ym 1882, er mawr ddicter i Aberystwyth, daeth yn ysgrifennydd pwyllgor safle gogledd Cymru, ac roedd yn amlwg iddo gyfrannu at ddrafftio agweddau gwleidyddol a chrefyddol y Siarter.

Ni pharodd ethol prif swyddogion lleyg y coleg prifysgol unrhyw syndod: daeth Iarll Powis yn Llywydd a'r Is-Lywyddion oedd George Osborne Morgan a Richard Davies, Aelodau Seneddol Rhyddfrydol dros Sir Ddinbych ac Ynys Môn. Etholwyd John Roberts, AS dros

Fwrdeistrefi Sir y Fflint, yn Drysorydd Mygedol. Mewn gwirionedd, serch yr holl bryder y byddai'r coleg newydd yn ddarostyngedig i farn Dorïaidd, y gwrthwyneb oedd yn wir i ryw raddau. Roedd Rathbone, ei gyd AS Rhyddfrydol Stuart Rendel a Thomas Gee i gyd yn aelodau o Gyngor y Coleg Prifysgol. Cyfarfu'r Cyngor gyntaf ddydd Sadwrn, 8 Mawrth 1884, yn y Queen's Head Café ym Mangor. Etholwyd y Cyrnol W. E. Sackville West, a benodwyd i'r Cyngor gan Brifysgol Rhydychen, yn Gadeirydd, gyda Rathbone yn Is-Gadeirydd.

Y swydd gyntaf i'w llenwi yn y brifysgol oedd un y Cofrestrydd. Roedd W. Cadwaladr Davies, a aned ac a addysgwyd mewn ysgol elfennol ym Mangor, wedi gweithio yn swyddfa'r *North Wales Chronicle* cyn dod yn olygydd *Cronicl Cymru*. Yn lladmerydd grymus dros addysg uwch, bu'n gweithio gyda'r addysgwr Hugh Owen yn Llundain yn y 1870au ac ar ôl dychwelyd i Fangor ym 1876 chwaraeodd ran flaenllaw yn y gwaith gweinyddol ar gyfer y coleg newydd ac o ran codi arian. Roedd yn ddyn deallus a dyfeisgar ac roedd ei benodiad bron yn anochel; fe'i disgrifiwyd yn ddiweddarach fel 'preeminently the man to help forward the new institution'.[7]

Mater tra gwahanol, fodd bynnag, oedd penodi Prifathro. Roedd y Prifathro hefyd i ddal un o'r chwe Chadair i'w llenwi a chafwyd dim llai nag 21 o geisiadau am y swydd. Cyfarfu'r Cyngor ar 14 Mai 1884, drachefn yn y Queen's Head Café, a chyfweld chwe ymgeisydd. Ystyrid tri dyn ifanc yn ymgeiswyr gwirioneddol gryf: William Edwards, brodor o Ddinbych a oedd â thri Dosbarth Cyntaf o Rydychen, Cymrodoriaeth o Goleg Iesu ac a oedd wedi bod yn Arolygydd Ysgolion EM yng Nghymru; Henry Jones, 32 oed, a oedd eisoes yn adnabyddus ym myd addysg yng Nghymru ac y gellid ei ystyried yn 'ddewis y bobl'; ac yn olaf Harry Rudolf Reichel, yr ieuengaf o'r tri a'r ymgeisydd mwyaf annhebygol. Fe'i ganed yn Belfast, yn fab i esgob Meath ac o dras Almaenaidd. Cawsai Reichel yrfa academaidd hynod ddisglair yng Ngholeg Balliol, Rhydychen, gyda phedwar Dosbarth Cyntaf a Chymrodoriaeth o Goleg All Souls cyn ei fod yn 24 oed. Roedd gyrfa academaidd nodedig yn sicr o'i flaen, efallai yn Rhydychen. Gellid bod wedi disgwyl penodi Prifathro o Gymru ym Mangor, efallai'n wir yr ystyriai rhai fod hynny'n anochel. Ond nid oedd unrhyw unfrydedd ynglŷn â dewis ymgeisydd Cymreig. Pleidleisiwyd ar bob ymgeisydd a chydag un yn anghytuno – Thomas Gee –

penodwyd Harry Reichel yn Brifathro cyntaf Coleg Prifysgol Gogledd Cymru yn 27 oed.

Ym Mai 1884 penododd y Cyngor hefyd bum Athro. Roedd Reichel ei hun i ddal Cadeiriau Saesneg a Hanes. Derbyniodd Henry Jones ei siomedigaeth yn raslon a daeth yn Athro Rhesymeg, Athroniaeth ac Economeg Wleidyddol. Y rhai eraill a benodwyd i Gadeiriau oedd W. Rhys Roberts (Groeg), George Ballard Mathews (Mathemateg), Andrew Gray (Ffiseg) a James Johnston Dobbie (Cemeg). Roedd, yn ddiymwad, yn gasgliad hynod ddawnus o ysgolheigion. Daeth Jones yn athronydd o fri rhyngwladol ac fe'i hurddwyd yn farchog. Daeth Ballard Mathews, Gray a Dobbie ill tri yn Gymrodyr y Gymdeithas Frenhinol. Yn rhyfedd ddigon nid oedd adran na Chadair y Gymraeg; prinder ymgeiswyr oedd hanfod y broblem. Ystyriwyd darlithyddiaeth yn y Gymraeg a'r Clasuron ym 1884,[8] ond ni allai Senedd newydd y Coleg argymell penodiad a bu'n rhaid disgwyl nes cyrhaeddodd John Morris-Jones o Rydychen bum mlynedd yn ddiweddarach. Yn ogystal â'r Cadeiriau, sefydlwyd darlithyddiaethau mewn Lladin, ieithoedd modern a Bioleg.

Ar y dechrau, roedd yn ymddangos nad oedd adeilad ar gael ym Mangor i gartrefu'r coleg prifysgol newydd. Fodd bynnag, yn Ebrill 1884, cafwyd gwybod y byddai'n bosibl prydlesu Gwesty'r Penrhyn Arms gan Ystâd y Penrhyn am oddeutu £200 y flwyddyn. Roedd yr adeilad uwchlaw'r harbwr, a adeiladwyd fel un o dafarnau'r goets fawr yn y ddeunawfed ganrif, wedi gweld dyddiau gwell. Eto i gyd, gyda pheth addasu ac adnewyddu, daeth yn gartref cyntaf gwerthfawr i'r coleg. Daeth cegin a chegin gefn y gwesty yn llyfrgell; ychwanegwyd adeiladau'r gwyddorau yn ddiweddarach a chafodd un o'r stablau ei throi'n 'ystafell ysmygu'.

Felly, ar 18 Hydref 1884, ynghanol rhialtwch a dathlu mawr yn y ddinas, a chyda'r arwyddair 'Knowledge is Power' mewn llythrennau breision uwchben ei fynedfa, agorwyd Coleg Prifysgol Gogledd Cymru. Chwifiai baneri o ffenestri a chafwyd gorymdaith enfawr – yn cynnwys rhai miloedd o chwarelwyr – i adeilad y Coleg Prifysgol. Gorymdeithiai Seindorf Frenhinol y Penrhyn a chynrychiolid cynghorau lleol, ysgolion a gwahanol alwedigaethau (er enghraifft melinwyr, argraffwyr a phobyddion). Roedd yn 'one of the most brilliant spectacles ever witnessed in this part of the Principality',[9] ac i'w dilyn cafwyd cinio (lle siaradodd Mundella ac eraill) a chyngerdd gyda'r nos. Fel y daroganodd un sylwedydd gwleidyddol yn gywir ddigon rai misoedd ynghynt 'North Wales and his wife will be there.'[10]

Unwaith yr agorodd, gyda 58 o fyfyrwyr ar y llyfrau, ni chafwyd unrhyw laesu dwylo. Roedd y seiliau wedi eu gosod i adeiladu arnynt. Bu J. J. Dobbie, gwyddonydd o bwys a draddodai ddarlithoedd grymus, yn allweddol i'r gwaith o lunio rhaglen wyddoniaeth yn y Coleg Prifysgol a fyddai'n addas ar gyfer anghenion economi gogledd Cymru. Yn neilltuol, chwaraeodd ran flaenllaw mewn sefydlu Adran Amaethyddiaeth ym 1888, a chael grant gan y llywodraeth i'w chynnal, a hefyd gynllun arloesol a llawn dychymyg i gynnig dosbarthiadau amaethyddiaeth mewn gwahanol drefi yng ngogledd Cymru. Roedd gan Dobbie gryn ddiddordeb mewn daeareg hefyd, ond ni wireddwyd project arall y rhoddodd ei fryd arno, sef sefydlu ysgol mwyngloddio a chwarelyddiaeth. Yn Ionawr 1889, penodwyd John Morris-Jones yn ddarlithydd yn y Gymraeg, gan sefydlu'r pwnc ym Mangor a dechrau gyrfa ddisglair a gâi ddylanwad enfawr ar fywyd diwylliannol a llenyddol Cymru. Ym 1890, ar anogaeth Andrew Gray, a oedd wedi astudio ffiseg a thrydan cymhwysol ac wedi gweithio gyda'r Arglwydd Kelvin yn Glasgow, sefydlwyd adran peirianneg drydanol o fewn ffiseg. Yn ogystal, ychwanegwyd darlithyddiaeth mewn swoleg, ac erbyn hynny roedd nifer y myfyrwyr wedi cyrraedd 100.

Nid oedd yr awyr yn gwbl ddi-gwmwl chwaith. Wrth i ddegawd cyntaf y Coleg Prifysgol fynd rhagddo roedd yna anawsterau ariannol i'w hwynebu a'u goresgyn. Ni chafwyd cynnydd yn grant y llywodraeth o £4,000 a bu'n rhaid ceisio cyllid ychwanegol. Ond roedd gogledd a chanolbarth Cymru wledig ynghanol dirwasgiad yr adeg hon, a dechreuodd ffrwd y cyfraniadau cyhoeddus sychu. Ym 1888, wrth i bwyllgor arbennig o'r Cyngor adolygu'r sefyllfa ariannol, achubodd Athrawon Bangor y blaen ar un o'i argymhellion trwy gytuno i dderbyn gostyngiad yn eu cyflogau. Galluogodd hyn i aelodau staff eraill y sefydliad gael peth codiad cyflog. Derbyniodd y Cyngor y cynnig, gan ganmol 'public spirit and self-sacrifice' yr Athrawon.[11] Daeth peth cymorth allanol i'r adwy hefyd. Ym 1890, cafwyd rhodd hael o £1,000 gan Henry Tate ar gyfer cronfa ysgol-oriaeth. Yn fwy dramatig fyth, daeth newydd ym Mehefin y flwyddyn honno am y cymynrodd fwyaf i'r Brifysgol ei derbyn ers ei sefydlu. Y cymwynaswr oedd Dr Evan Thomas o Fanceinion ac roedd y swm yn y diwedd yn £47,000. Fe wnaeth 'cymynrodd Manceinion', fel y daeth i gael ei galw, leddfu'r anawsterau ariannol a dechreuwyd bwrw ymlaen â nifer o ddatblygiadau (yn cynnwys mewn peirianneg drydanol).

Roedd tensiynau – rhwng Anglicaniaid ac Anghydffurfwyr, rhwng Rhyddfrydwyr a Thorïaid, rhwng Bangor ac Aberystwyth – yn dal i fudlosgi yn y dyddiau cynnar hyn. Ym 1889, fe wnaeth y Cyngor, dan arweiniad y Prifathro Reichel, wrthwynebu bod Aberystwyth yn parhau i ddefnyddio'r teitl 'Coleg Prifysgol Cymru', ac ysgrifennwyd at Aberystwyth am y mater, er na ddaeth dim o'r peth.[12] Roedd rhai o ffigurau mwyaf blaenllaw Bangor hefyd yn newid. Symudodd Henry Jones i borfeydd newydd yn Glasgow ym 1891, a chyflwynodd Ballard Mathews ei ymddiswyddiad, er y llwyddwyd i'w berswadio i'w dynnu'n ôl. Bu farw Llywydd cyntaf diflino'r Coleg, Iarll Powis, ym 1891, ac fe'i holynwyd gan William Rathbone. Yn Rhagfyr yr un flwyddyn, hefyd, ymddiswyddodd y Cofrestrydd, Cadwaladr Davies. Roedd wedi wynebu 'periods of stress and trial' yn y swydd a'i iechyd wedi dioddef o ganlyniad, ond fel y cofnododd y Cyngor roedd wedi bod 'of the greatest possible service' i'r Coleg newydd.[13] Ym 1892, fe'i holynwyd gan John Edward Lloyd, a symudodd o Aberystwyth gan ddod yn Gofrestrydd yn ogystal ag yn ddarlithydd yn hanes Cymru.

Ond, fel roedd cyffroadau'r digwyddiadau hyn yn tawelu, daeth storm gwbl wahanol ei natur i ysgwyd y Coleg Prifysgol. Wrth wraidd yr helynt blin hwn roedd amrywiol honiadau a wnaed gan bennaeth hostel merched y Coleg (y 'Lady Principal' fel y'i gelwid) ynglŷn ag ymddygiad myfyrwraig 26 oed, Violet Osborn. Roedd gan Frances Hughes, y 'Lady Principal', farn bendant a phiwritanaidd ynglŷn ag ymddygiad myfyrwragedd a rheolai'r hostel yn dra llym. Tua diwedd haf 1892, mynegodd bryderon ynglŷn ag ymddygiad Violet Osborn gan wneud honiadau bod y fyfyrwraig yn gelwyddog, ei bod 'of an impure mind' ac yn euog o 'indecorous behaviour towards men'.[14] Gwnaeth Frances Hughes ddatganiad i'r perwyl hwn i Fwrdd Cyfarwyddwyr yr hostel – bwrdd yr oedd y Prifathro Reichel ac E. V. Arnold, yr Athro Lladin, yn aelodau ohono. Ar 5 Hydref, fe wnaeth pwyllgor bychan o'r Bwrdd glywed yr hyn a alwyd yn 'rebutting statement' gan Miss Osborn. Roedd Reichel ac Arnold yn argyhoeddedig nad oedd y fyfyrwraig wedi ymddwyn yn amhriodol o gwbl a chafwyd datganiad ar y cyd ganddynt i'r perwyl hwn ar 10 Tachwedd. Nid oedd Frances Hughes yn cytuno. Penderfynodd Bwrdd yr Hostel wneud dim

Roedd y cyhuddiadau'n cael eu hystyried yn hynod ddifrifol, fodd bynnag, gan gefnogwyr Violet Osborn, rhai ohonynt yn bobl amlwg yn y gymuned. Ar 10 Tachwedd fe wnaeth dau o'r unigolion hynny, Dr Griffith Evans, bacteriolegydd adnabyddus a Henry Lewis, a ddaeth yn Faer Bangor yn ddiweddarach ac a oedd yn ffigur cyhoeddus amlwg, fynnu ymchwiliad llawn i'r mater. Cytunodd y Senedd a chynhaliwyd ymchwiliad maith a chymhleth rhwng 14 a 29 Tachwedd 1892. Aeth y sefyllfa'n anghyfforddus yn fuan i Reichel ac E. V. Arnold oherwydd, fel aelodau Bwrdd yr Hostel, byddai angen eu holi fel tystion. Ciliodd Reichel o gadair y Senedd ar ôl pum cyfarfod a bu'n rhaid i Arnold dynnu'n ôl ohoni hefyd. Roedd Arnold wedi tynnu'n groes i Frances Hughes o'r blaen, a daeth i'r amlwg ei fod ar ryw adeg wedi cynnig cymorth ariannol i Violet Osborn gyda'i hastudiaethau. Yna tynnwyd trydydd Athro i'r we. Cafodd E. Keri Evans, yr Athro Athroniaeth ifanc a oedd wedi olynu Henry Jones y flwyddyn cynt, ei gysylltu â'r cyhuddiadau yn erbyn Miss Osborn. Yn dilyn cyfeiriad at ddigwyddiad penodol, bu'n rhaid i Evans wynebu cael ei holi'n llym gan ei saith cydweithiwr a oedd ar ôl yn y Senedd. Yn ei ddatganiad, disgrifiodd Keri Evans fel y bu i Violet Osborn ar un achlysur aros ar ôl ar ddiwedd darlith, ac wrth iddi adael 'some papers which I had in my hand come into contact with her face'. Credai Evans fod y cyfan yn 'absurdly trivial and – prudish imaginings apart – devoid of all meaning'.[15]

Cyfwelwyd tua dwsin o dystion gan y Senedd ac ystyriwyd llawer o lythyrau a datganiadau. Cafwyd perfformiad aeddfed a chlir gan Violet Osborn ei hun ('The whole affair has interfered with my studies,' meddai, 'and I cannot say whether I shall attend the Honours Examination . . .').[16] Tystiodd amrywiol unigolion yn rymus o'i phlaid. Fodd bynnag, gwrthododd y ddihafal Frances Hughes roi tystiolaeth nac ategu'r cyhuddiadau a wnaeth. Ar 29 Tachwedd, cwblhaodd y Senedd ei hymchwiliad gan ddod i'r farn bod 'no foundation whatever for any of the charges against Miss Osborn'.[17]

Ni adawyd llonydd i'r mater fodd bynnag. Achosodd gynnwrf yn y Cyngor a chodwyd gwrychyn rhai aelodau ymhellach oherwydd i ganlyniad ymchwiliad y Senedd gael ei gyhoeddi i'r byd a'r betws ar dudalennau'r *North Wales Observer* cyn y cyflwynwyd adroddiad i'r Cyngor ei hun. Rhoddwyd gwahanol gynigion a gwelliannau gerbron ac, yn y diwedd, yn Rhagfyr 1892, cafodd cynnig yn mynegi bodlonrwydd ar ganlyniad ymchwiliad y Senedd ei basio o 13 pleidlais i 8.[18] Parhaodd y cythrwfl, a chyflwynwyd deiseb gan rai o gyfeillion amlwg Miss Osborn yn gofyn i'r Cyngor 'niwtraleiddio' effaith y cyhuddiadau yn erbyn y fyfyrwraig. Roedd y 'cyfeillion' hyn yn cynnwys aelod seneddol, dau athro o Rydychen/Caergrawnt, ficer a gweinidog gyda'r Annibynwyr. Yna, yn Chwefror 1893, pasiodd y Cyngor gynnig arall (o 13 pleidlais i 9) yn gofyn i Frances Hughes dynnu'n ôl y cyhuddiadau yn erbyn Violet Osborn; pe na bai'n gwneud hynny byddai ei henw'n cael ei dynnu oddi ar y gofrestr ceidwad lletyau.[19] Anodd credu iddo fod yn syndod i'r Cyngor i Frances Hughes wrthod â thynnu'r cyhuddiadau'n ôl a diddymwyd y drwydded a roddwyd i hostel y merched. Aeth y Cyngor rhagddo i ad-drefnu'r trefniadau llety ar gyfer merched a chafodd 'Lady Superintendent' newydd ei phenodi ym 1893.

Atseiniodd yr helbul hwn ymhell y tu hwnt i Fangor. Roedd yn fêl ar fysedd y wasg yn arbennig. Daeth Frances Hughes ag achos o enllib yn erbyn y *Daily Dispatch* yn dilyn cyhocddi sylwadau deifiol ar ei goruchwyliaeth o'r hostel, a chafodd iawndal o £300. Hefyd, cyhoeddodd ei brawd, y gweinidog Wesleaidd amlwg, Hugh Price Hughes, sylwadau digon chwerw yn *The Times* ynglŷn â'r 'unmarried young men' a oedd yn rhedeg y Coleg Prifysgol (roedd saith o'r un ar ddeg o Athrawon yno yn ddibriod).[20] Cyfeiriwyd at y mater yn Nhŷ'r Cyffredin a Thŷ'r Arglwyddi, gyda Lloyd George yn ymyrryd ar un achlysur. Yn Hydref 1893 ymddiswyddodd chwech o aelodau Cyngor y Coleg Prifysgol, yn cynnwys y Cadeirydd, yr Is-Gadeirydd a Dug Westminster, a oedd yn Is-Lywydd. Parhaodd Rathbone i weithio'n deyrngar o fewn y Cyngor ond yn ddiamheuaeth bu'r holl fater yn straen ar ei berthynas â Reichel.

Yn ôl llinyn mesur heddiw, gwneud môr a mynydd o ddim byd oedd y cyfan. Ond i'r Coleg Prifysgol, a oedd yn dal yn ei fabandod, fe wnaeth yr helynt yn ddi-os barddu ei enw da. Bu achos enllib Frances

Hughes yn embaras i Reichel a'i gydweithwyr gyda'r Barnwr a bargyfreithiwr yn gwneud yr athrawon dysgedig yn gyff gwawd yn gyhoeddus. Teimlai'r wasg leol fod y cyfan wedi bod yn 'grievous blow' i'r Coleg.[21] Adlewyrchai rai agweddau ar addysg merched yn y cyfnod hwnnw a gwelwyd hollt o bwys â chefnogwyr aristocrataidd y Coleg. Gadawodd ei ôl yn bersonol hefyd ar y rhai fu ynghanol yr heldrin. Efallai bod yr ergyd ynglŷn â'r 'dynion dibriod' wedi cyrraedd y nod oherwydd, ddiwedd 1893, cyhoeddodd Reichel ei briodas â Charlotte Mary Pilkington, hen ffrind iddo. Teimlai straen yr amgylchiadau anodd a oedd wedi codi ac, ym Mehefin 1894, gollyngodd ei afael ar Gadair y Saesneg. Drwodd a thro, ni fu'r bennod hon yn destun buddugoliaeth i neb. Collodd Frances Hughes ei swydd, gadawodd a phriododd â chlerigwr Anglicanaidd. Efallai mai E. Keri Evans ddioddefodd waethaf. Yn 32 oed adeg yr argyfwng, nid oedd yn euog o unrhyw beth gwerth sôn amdano a llwyddodd yn ddiweddarach i gael iawndal ac ymddiheuriad yn dilyn achos llys yn erbyn papur newydd. Ond nid oedd yn syndod iddo benderfynu ym 1895 bod ei 'life-work lay elsewhere' ac ymddiswyddo.[22] Er i'w iechyd ddioddef, fe'i hordeiniwyd yn weinidog gyda'r Annibynwyr yn ddiweddarach; daeth yn drwm dan ddylanwad diwygiad crefyddol 1904, a daeth yn gofiannydd a chyfieithydd emynau dawnus. Cafodd E. V. Arnold, yr Athro Lladin, ac aelod o'r Senedd a'r Cyngor pan dorrodd y storm, fod ei fywyd yntau yn newid yn sylweddol: priododd â Violet Osborn.

Yn ystod misoedd tymhestlog 1892 a 1893, roedd y mudiad i greu prifysgol ffederal yng Nghymru yn cael ei faen i'r wal. Roedd y syniad wedi bod yn ennill tir, yn arbennig yn dilyn cynhadledd ym 1888 a drefnwyd gan Gymdeithas y Cymmrodorion yn Llundain ac a benderfynodd wneud cais am siarter prifysgol. Bangor oedd y lleiaf o'r colegau prifysgol newydd ond roedd ei gynrychiolwyr yn flaenllaw yn yr ymgyrch i sefydlu Prifysgol Cymru. Roedd Reichel ei hun yn hyrwyddwr brwd trefniadaeth ffederal, gan gael ei sbarduno ymlaen, yn ddi-os, trwy ei gyfeillgarwch â Phrifathro Caerdydd, Viriamu Jones. Ym marn Reichel roedd Prifysgol Llundain wedi gweithredu fel 'academic midwife' i'r colegau Cymreig, ond daw'r adeg pan fo gwaith bydwraig wedi'i orffen.[23] Sefydlwyd pwyllgor siarter ym 1891 gyda chwe chynrychiolydd o Fangor yn cymryd rhan. Union flwyddyn yn ddiweddarach, cytunodd Cyngor Bangor yn ffurfiol i'r ddeiseb am y siarter gael ei chyflwyno. Digon tymhestlog fu taith y cais am siarter drwy'r Senedd, ond yn y diwedd cafodd y cydsyniad brenhinol yn Nhachwedd 1893. Unodd Bangor, Aberystwyth a Chaerdydd yn golegau sefydlol Prifysgol Cymru newydd, ffederal – symbol disglair, i bob golwg, o genedligrwydd Cymreig.

1. Diwrnod y Sefydlu, 18 Hydref 1884, yn y Penrhyn Arms

2. Y Senedd gyntaf, gyda Reichel yn y canol (yn eistedd)

3. Syr Harry Reichel, Prifathro, 1884–1927

3. W. Cadwaladr Davies, y Cofrestrydd cyntaf

5. Iarll Powis, y Llywydd cyntaf

6. William Rathbone, Llywydd, 1892–1900

7. Cynhyrchiad o *Twelfth Night* gan y myfyrwyr ar Ddydd Gŵyl Ddewi, 1903

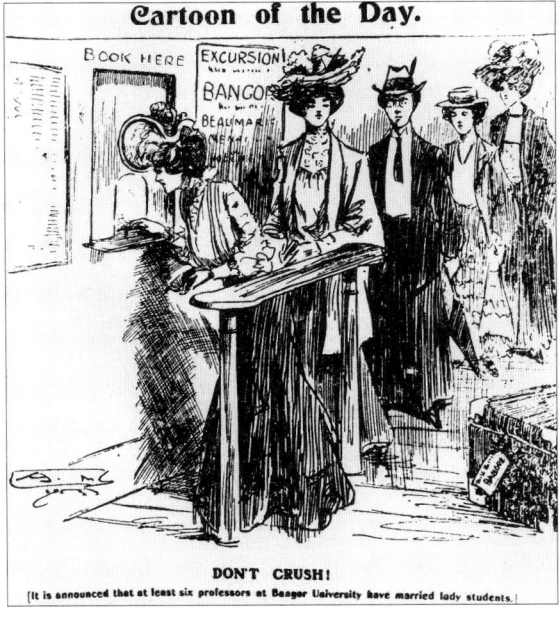

8. Rhai castiau'n ysgogi tipyn o gellwair ysgafn yn y wasg

9. Y Brenin Edward VII yn gosod carreg sylfaen y Prif Adeilad yng Ngorffennaf 1907

10. Y garreg sylfaen ddwyieithog, mewn Cymraeg a Lladin

11. Agor y Prif Adeilad, 1911; yr Arglwydd Kenyon yn dechrau'r cyfarfod, gyda'r Brenin George V yn eistedd ar y llwyfan

12. John Morris-Jones (chwith) a David Lloyd George y tu allan i Neuadd Prichard-Jones ar ôl agoriad y Prif Adeilad

13. Yr awdur Kate Roberts a raddiodd ym 1912

14. Corfflu Hyfforddi Swyddogion y Coleg, yn cael eu harchwilio gan y Prifathro ym 1912

15. Labordy ffiseg

16. Tîm rygbi'r Coleg ym 1925/6

17. Syr John Edward Lloyd, a wasanaethodd yr un pryd fel Athro Hanes, Cofrestrydd a Llyfrgellydd Mygedol

2

'Balliol Bach'
Twf a Datblygiad, 1893–1927

Er gwaethaf treialon a helbulon ei flynyddoedd cynnar, roedd Coleg Prifysgol Gogledd Cymru wedi cael ei draed dano ac ar seiliau cadarn. Tua throad y ganrif dechreuodd mwy o'i sefydlwyr – sef yr Athrawon cyntaf – symud ymlaen. Symudodd Gray, a ddaeth yn Gymrawd y Gymdeithas Frenhinol (FRS) ym 1896, i Glasgow dair blynedd yn ddiweddarach i olynu ei fentor, yr Arglwydd Kelvin. Gadawodd Dobbie ym 1903 ac fe'i hetholwyd yntau yn FRS y flwyddyn ganlynol; fe'i hurddwyd yn farchog ym 1915 am ei wasanaeth fel Pennaeth Labordai'r Llywodraeth. Gadawodd Ballard Mathews am Gaergrawnt ym 1896, a daeth yntau hefyd yn Gymrawd y Gymdeithas Frenhinol; dychwelodd i Fangor yn ddiweddarach fel Athro Dros Dro. Symudodd W. Rhys Roberts, ysgolhaig eithriadol ddisglair, i Gadair y Clasuron yn Leeds ym 1904.

Roedd eu holynwyr o safon gyffelyb uchel ac yn ddiwyro eu teyrngarwch i achos Bangor. Ym maes Ffiseg, olynwyd Gray i'r Gadair gan un o'i fyfyrwyr ei hun, Edward Taylor Jones, brodor o Ddinbych. Bu Jones yn y swydd am 26 blynedd cyn olynu Gray drachefn yn Glasgow. I'r Gadair Cemeg daeth Kennedy Orton, gŵr o St Leonards, a oedd wedi astudio Meddygaeth yng Nghaergrawnt yn wreiddiol cyn troi at Gemeg a chael gradd Ph.D. dra anrhydeddus o Heidelberg. Bu yntau yn y Gadair am gyfnod maith o saith mlynedd ar hugain. Roedd gan Orton ddiddordebau eang ac ymddiddorai mewn cerddoriaeth, creigiau ac adar ymysg pethau eraill. Penodwyd P. J. White i Gadair newydd mewn Sŵoleg ym 1895, a bu yn y swydd am bron 35 mlynedd. Datblygodd ddiddordeb mewn gwyddor môr ac ar un adeg ceisiodd sefydlu gorsaf fiolegol ar Ynys Seiriol, a oedd wedi'i phrynu gan y Coleg. Daeth R. W. Phillips, a astudiodd yn y Coleg Normal ac yng Nghaergrawnt, yn Athro Botaneg a bu yntau yn y Gadair am 29 mlynedd. Roedd yn wyddonydd blaenllaw a chyfrannodd yr erthygl ar 'Algae' i unfed argraffiad ar ddeg yr *Encyclopaedia Britannica*. Dyn o Swydd Efrog, Thomas Winter, a ddaeth yn Athro Amaethyddiaeth cyntaf ym 1895, gan aros yn y swydd am 18 mlynedd. Dan ei arweiniad ef daeth yr adran i'w hystyried bron fel 'the agricultural headquarters of north Wales'.[1]

Roedd Thomas Hudson-Williams, a aned yng Nghaernarfon ac a gafodd ei addysg yn Ysgol Friars, Bangor, wedi darlithio mewn Ffrangeg ac Almaeneg cyn iddo gael ei ddyrchafu i'r Gadair Groeg ym 1904 – swydd y bu ynddi tan ei ymddeoliad ym 1940. Daeth Osbert Fynes-Clinton yn Athro Ffrangeg ym 1904 (gydag ieithoedd modern yn cael eu rhannu i greu adrannau Ffrangeg ac Ieithoedd Romáwns ac Almaeneg ac Ieitheg Diwtonaidd). Roedd Fynes-Clinton, a fu yn y Gadair nes iddo ymddeol ym 1937, yn ieithydd gwych ac yn ei amser hamdden astudiodd dafodiaith Gymraeg Arfon yn drwyadl gan gyhoeddi llyfr ar y pwnc ym 1913.

Un o'r ysgolheigion mwyaf amryddawn oedd John Lloyd Williams o Lanrwst, a oedd wedi'i addysgu yn y Coleg Normal ac a ddaeth yn Ddarlithydd Cynorthwyol mewn Botaneg ym 1897. Ond hefyd ysgrifennodd sawl opereta ac roedd galw mawr am ei wasanaeth fel arweinydd corau a beirniad cerd. Caneuon gwerin Cymraeg oedd ei brif ddiddordeb a chwaraeodd ran flaenllaw yn natblygiad Cerddoriaeth ym Mangor. Yn ystod y Rhyfel Byd Cyntaf symudodd i Aberystwyth fel Athro Botaneg ac yn ystod ei yrfa derbyniodd radd D.Sc. am ei waith ar algâu'r môr a hefyd D.Mus er anrhydedd.

Daeth W. Lewis Jones yn Bennaeth Iaith a Llenyddiaeth Saesneg yn lle Reichel. Roedd yntau'n gyn ddisgybl o Ysgol Friars, bu'n gweithio fel newyddiadurwr a bu'n gyfrannwr rheolaidd i'r *Manchester*

Guardian ar ôl ei benodi i Fangor. Ym 1899, fe ollyngodd Reichel ei afael hefyd ar y Gadair Hanes, a daeth John Edward Lloyd, y Cofrestrydd, yn Athro Hanes am y 31 blynedd nesaf. Parhaodd Lloyd hefyd fel Cofrestrydd tan 1920, ac yn ddiweddarach yn ei oes bu'n gwneud hwyl am ben ei swyddogaeth fel 'lecturer in the morning, registrar in the afternoon and researcher in the evening'.[2] Am gyfnod bu'n gwasanaethu'n ogystal fel Llyfrgellydd Mygedol (gyda Thomas Shankland yn Llyfrgellydd Cynorthwyol). Fe'i ganed yn Lerpwl, i deulu oedd â'u gwreiddiau yn Sir Drefaldwyn, ac ystyrir ei gampwaith *A History of Wales from the Earliest Times to the Edwardian Conquest* (2 gyf., 1911) yn un o gonglfeini astudiaethau ym maes hanes Cymru. Fe'i hetholwyd yn Gymrawd yr Academi Brydeinig ym 1930 ac fe'i hurddwyd yn farchog ym 1934. Yn urddasol a choeth, a bob amser yn gysáct a ffurfiol, nid oedd yn un y meiddiai pobl fynd yn rhy hyf arno,[3] ond roedd Lloyd yn academydd gwirioneddol fawr a rhaid ei ystyried bron gyfuwch â Reichel fel un o'r arweinwyr a oedd yn gyfrifol am oroesiad a datblygiad Coleg Prifysgol Gogledd Cymru.

Yn 30 oed, dyrchafwyd John Morris-Jones i Gadair y Gymraeg ym 1894, ar ôl i'r Cyngor roi'r sylw dyladwy i'r twf yn y niferoedd a astudiai'r Gymraeg. Roedd yn un o arweinwyr academaidd gwirioneddol ddisglair Bangor. Yn frodor o Fôn, graddiodd mewn Mathemateg o Rydychen, ond darllenodd lyfrau a llawysgrifau Celtaidd yn helaeth yn Llyfrgell y Bodleian, a daeth yn fardd yn ogystal ag yn ysgolhaig ac athro nodedig ym Mangor. Bu cryn fri ar ei gyfieithiadau o 38 o gerddi Heine, ond fel ysgolhaig yr iaith Gymraeg, a gramadeg Gymraeg yn neilltuol, y caiff ei gofio'n bennaf. Cyhoeddwyd ei brif waith, *A Welsh Grammar, Historical and Comparative*, ym 1911. Yn ei flynyddoedd cynnar ym Mangor, darlithiai'n bennaf trwy gyfrwng y Saesneg; yr holl gynulleidfa a ddaeth i'w ddarlith gyntaf ym 1889 oedd chwech o swyddogion y Coleg, dau fyfyriwr a dau ddieithryn.[4] Mewn rhai ffyrdd ymddangosai'n ddyn siomedig. Eto i gyd, gellid dadlau mai ef oedd ysgolhaig Cymraeg mwyaf ysbrydoledig ei genhedlaeth ac fe'i hurddwyd yn farchog (a mabwysiadu cyfenw â chysylltnod) ym 1918.

Llanwyd y Gadair Mathemateg Bur a Chymhwysol am 30 mlynedd o 1896 gan un o'r academyddion mwyaf rhyfeddol a fu'n gweithio erioed i'r Brifysgol ym Mangor: George Hartley Bryan. Yn fathemategydd athrylithgar gwnaeth gyfraniad nodedig i wybodaeth fodern yn ymwneud â sefydlogrwydd awyrennau a chynllun awyrennau. Roedd Bryan wedi dadansoddi damcaniaeth hedfan mewn erthygl ym 1897 ac ym 1901 darlithiodd i'r Sefydliad Brenhinol ar hanes a datblygiad ymsymudiad yn yr awyr – darlith a fu'n dipyn o dân ar groen yr enwog Alexander Graham Bell, a oedd ar y pryd yn dal i ymchwyddo i'r ganmoliaeth a gâi fel dyfeisiwr y teleffon. Pan glywodd am ddarlith Bryan, cwynodd Bell o Washington y byddai'n rhaid iddo'n awr roi'r gorau i'w syniad ei hun o draddodi darlith ar bwnc cyffelyb.[5] Gan weithio gyda W. E. Williams, mab i chwarelwr yn y Penrhyn a raddiodd o Fangor mewn Ffiseg a Mathemateg ym 1901, cyhoeddodd Bryan ganlyniadau cyntaf arbrofion ar sefydlogrwydd awyrennau gleider. Yr hyn a wnaeth Bryan mewn gwirionedd oedd cymhwyso egwyddorion Mathemateg at gwestiwn sefydlogrwydd awyrennau. Cyhoeddwyd ei lyfr *Stability in Aviation* ym 1911 ac arweiniodd hyn at ddyfarnu iddo ail fedal aur y Royal Aeronautical Society, gyda'r gyntaf wedi mynd i'r Brodyr Wright. Daeth Cymrodoriaeth y Gymdeithas Frenhinol ac anrhydeddau eraill i'w ran yn ddiweddarach.

Eto, roedd Bryan yn ddyn digon rhyfedd ei ffyrdd. Roedd ei bresenoldeb yn y Coleg yn dueddol o gynhyrfu'r dyfroedd a dywedid bod Reichel wedi dod i gredu mai camgymeriad oedd ei benodi. Roedd Bryan yn daer dros astudio ffotograffiaeth, cwynai'n danbaid yn erbyn rheolau a rheoliadau a dadleuai na ddyleu Athrawon orfod gosod papurau arholiad na'u marcio. Ar un achlysur dywedir iddo wrthod mynd i gyfarfod o'r Senedd, gan eistedd ar y grisiau y tu allan yn ysgrifennu nodiadau anghwrtais a gorchymyn i borthor fynd â hwy i mewn i'r cyfarfod.[6] Roedd y Cyngor yn hollol fodlon derbyn ei ymddiswyddiad ym 1925.

Aeth W. E. Williams, fodd bynnag, yn ei flaen i chwarae rhan arloesol yn y Coleg Prifysgol. Erbyn 1910 roedd yn ystyried adeiladu awyren, gyda chymorth ariannol gan H. R. Davies o Dreborth, a chafwyd adroddiad ar daith hedfan i gasglu data gwyddonol ym 1913.[7] Yn ddiweddarach daeth Williams yn Bennaeth Adran annibynnol Trydan Cymhwysol ac ym 1942/3 daeth yn Athro cyntaf Peirianneg Electronig.

Roedd twf a datblygiad y Coleg Prifysgol o'r 1890au i'w briodoli i gryn raddau i ddoniau cynhenid ac ymroddiad ei academyddion teyrngar. Ond roedd llwybrau newydd yn cael eu palmantu hefyd. Agorodd y Coleg adran hyfforddi athrawon (yr 'Adran Hyfforddiant Dydd' fel y'i gelwid) ym 1894 i addysgu athrawon ysgolion cynradd. Bu'n dra llwyddiannus, a daeth y darlithydd a ofalai am y cwrs, J. A. Green, yn Athro ym 1896. Pan adawodd Green am Sheffield ym 1904, fe'i holynwyd fel Athro Addysg gan R. L. Archer. Roedd Archer, a adeiladodd yr Adran Addysg dros y 36 o flynyddoedd dilynol, yn un o gymeriadau mwyaf nodedig Bangor yn nhraean cyntaf yr ugeinfed ganrif. I lawer fe'i hystyrid bron fel tad (yn wir fe'i hadwaenid hyd yn oed fel 'Daddy Archer'), ac roedd y straeon am ei ddau brif hoffter – sef rygbi a chathod – yn lleng.[8]

Ar sail y gwaith da mewn Amaethyddiaeth, torrodd y Coleg dir newydd drachefn ym 1904 drwy sefydlu Adran Coedwigaeth, gyda chymorth grant gan y llywodraeth. Ym maes addysg Amaethyddol, credid bod Bangor wedi 'set the fashion for the whole kingdom'.[9] Yn wreiddiol, nid oedd diwinyddiaeth yn benodol wedi bod yn rhan o'r rhaglen academaidd, ond oherwydd bod colegau diwinyddol yn y cyffiniau a'r gydnabyddiaeth a roddwyd iddynt yn siarter Prifysgol Cymru, aed ati i sefydlu Adran Ieithoedd Semitig ym 1898.

Roedd ymdeimlad cryf o ddyled i'r gymuned leol yn parhau ac o'i ddyddiau cynharaf roedd y Coleg Prifysgol wedi cynnig 'cyrsiau estyniad'. Gryn dipyn yn ddiweddarach, ym 1910, mabwysiadwyd trefn weithredu fwy pendant gyda sefydlu 'dosbarth tiwtorial' ym Mlaenau Ffestiniog – y cyntaf o'i fath yng Nghymru. Roedd y gweithgaredd 'allanol' hwn yn gysylltiedig yn neilltuol â James Gibson, Athro Athroniaeth, ac yn ddiweddarach ag R. Silyn Roberts, cyn chwarelwr, gweinidog Methodist a bardd.[10.]

Erbyn troad y ganrif roedd Coleg Prifysgol Gogledd Cymru ar frig y don a nododd papur newydd cenedlaethol ei fod wedi tyfu gydag 'unflagging vigour'.[11] Erbyn 1900/1 roedd nifer y myfyrwyr wedi cynyddu i 277 ac nid oedd y Penrhyn Arms yn gartref addas iddo bellach. Bum mlynedd ynghynt roedd Cyngor y Coleg wedi trafod ag ystâd y Penrhyn ychwanegu rhai adeiladau dros dro, ond roeddent hefyd yn ystyried creu adeilad prifysgol parhaol. Nid oedd yr achos yn ddi-broblem, fodd bynnag, ac achosodd beth dadlau tanbaid: roedd rhai ar y Llys a'r Cyngor yn mynd cyn belled â galw am adleoli'r Coleg yn gyfan gwbl. Fodd bynnag, pan geisiwyd cydweithrediad Cyngor y Ddinas, fe'i cafwyd. Ym Mawrth 1902, fe wnaeth y Gorfforaeth gyflwyno'n rhodd i'r Coleg safle deg erw yn cynnwys tir Penrallt a rhan o 'Barc yr Esgob'. Prynwyd pum erw arall gan y Coleg ac, o'r diwedd, cafwyd safle ar gyfer adeilad parhaol i'r Coleg Prifysgol.[12]

Unwaith yn rhagor dechreuwyd apêl am arian. Cafwyd cyfraniad o £1,000 at y gronfa adeiladu gan Rathbone, a ollyngodd ei afael ar y Llywyddiaeth ym 1900 (ac a olynwyd gan yr Arglwydd Kenyon o Gredington). Bu hyn yn esiampl glodwiw i eraill ei dilyn a rhwng 1900 a 1910 casglwyd swm o bron i £100,000 gan gyfeillion, cyn fyfyrwyr a phobl leol. Mewn sawl pentref yng nghymdogaeth Bangor cafwyd cyfraniad o bob cartref. Yn Llanuwchllyn ym Meirionnydd, a oedd yn cynnwys 163 o dai, cafwyd arian gan 186 o bobl.[13] Roedd cefnogwyr eraill o bwys hefyd. Cyfrannodd Anrhydeddus Gwmni'r Brethynwyr £15,000 i godi llyfrgell, ac ymysg y cyfranwyr roedd Dug Westminster, Ardalydd Môn a'r gŵr busnes Owen Owen o Lerpwl. Datblygiad pwysig ddechrau 1906 oedd derbyn grant o £20,000 gan Ganghellor y Trysorlys.[14]

Roedd Henry T. Hare, cynllunydd Coleg Westminster yng Nghaergrawnt ymysg adeiladau eraill, yn bensaer amlwg pan gafodd ei ddewis ym 1906 i greu adeilad newydd y Coleg. Mae wedi cael canmoliaeth haeddiannol am ei gynllun. Roedd yr adeilad i gynnwys adrannau'r celfyddydau a'r weinyddiaeth, y llyfrgell, amgueddfa a neuadd ganolog fawr; roedd lle i fod yn ddiweddarach hefyd ar gyfer ffiseg, cemeg ac adrannau eraill y gwyddorau. Yn ddiddorol, fodd bynnag, nid eiddo Hare oedd y syniad canolog o addasu'r adeilad ar gyfer goleddf y tir, a chreu ail gwadrangl llai, ond eiddo Isambard Owen, Is-Lywydd y Coleg ar y pryd. Ond adolygodd Hare ei gynlluniau'n frwdfrydig er mwyn manteisio ar yr awgrym.[15] Tasg bur anodd fu diffinio arddull bensaernïol Hare. Ar y dechrau, roedd yn ymddangos fel pe bai'n gweithio mewn arddull Jacobeaidd ddiweddar; yn ddiweddarach disgrifiodd yr arddull fel 'dadeni hwyr'. Mae rhai sylwebwyr wedi tynnu sylw at nodweddion Gothig yn ei waith, tra bo eraill wedi ei ddisgrifio fel 'Jacobeaidd'. Yr hyn sy'n amlwg yw y dymunai Hare gysylltu'r adeilad o ran ei arddull ag adeiladau prifysgolion Rhydychen a Chaergrawnt, ond gan dalu gwrogaeth briodol i Gymru ac i hanes Cymru. Ceir saith cerflun y tu allan i'r adeilad – yn cynnwys rhai o Ddewi Sant ac Owain Glyndŵr – ac mae arfbais Cwmni'r Brethynwyr yn addurno mur y llyfrgell. Rhoddodd Hare i'r Coleg Prifysgol adeilad urddasol ac ysblennydd y gallai ymfalchïo ynddo, '[a] majestical fabric' yng ngeiriau W. Lewis Jones, Athro'r Saesneg.[16] Dywedwyd bod pennaeth un Brifysgol yn Lloegr yn ystyried yr adeilad 'too good for mortal man',[17] tra daeth llawer mwy i'w ystyried fel 'a lasting monument to the interest which the working men and women of Wales took in education'.[18]

Gosodwyd carreg sylfaen yr adeilad newydd gan y Brenin Edward VII ar 9 Gorffennaf 1907 mewn seremoni drawiadol pryd yr urddwyd Harry Reichel yn farchog. Ym 1909, yn bennaf o ganlyniad i berswâd Lloyd George, cytunodd Syr John Prichard-Jones, gŵr o Fôn a oedd wedi codi ym myd busnes i fod yn rheolwr gyfarwyddwr Dickens and Jones, i dalu costau adeiladu'r neuadd fawr. Ym marn Lloyd George roedd hyn yn 'munificent liberality' a diolchodd Cyngor y Coleg Prifysgol yn gynnes i Lloyd George a Prichard-Jones.[19] Yng Ngorffennaf 1911, bu ymweliad brenhinol arall pryd yr agorwyd yr adeilad newydd yn swyddogol gan y Brenin George V. Yn y diwedd, nid oedd digon o arian i gwblhau'r prif gwadrangl ac arhosodd adrannau'r gwyddorau yn yr hen gartref am 15 mlynedd arall.

Yn ogystal ag ymhyfrydu yng nghampau ysgolheigaidd ei academyddion, gallai'r Coleg Prifysgol hefyd ymfalchïo yn llwyddiannau gwirioneddol rhai o'i fyfyrwyr yn ystod y 30 mlynedd cyntaf. Byddai rhai – megis Ifor Williams, a raddiodd mewn Groeg ym 1905 ac yn y Gymraeg flwyddyn yn ddiweddarach – yn aros a dilyn gyrfaoedd academaidd disglair ym Mangor. Ym 1912 wedyn, graddiodd Kate Roberts, a ddaeth yn brif awdur ffuglen Gymraeg ei chenhedlaeth. Yn ystod y cyfnod hwn hefyd graddiodd Albert Evans-Jones (Cynan), enillydd y Goron yn yr Eisteddfod Genedlaethol ar dri achlysur. Ym 1916, Mary Sutherland oedd y ferch gyntaf yn y byd i raddio mewn Coedwigaeth wrth gwblhau ei chwrs ym Mangor. Yn ddiweddarach bu'n gweithio i Wasanaeth Coedwigoedd Seland Newydd, a gododd goflech er cof amdani yng nghoedydd Rotorua.[20]

Erbyn hyn roedd Reichel wedi bod yn Brifathro ers dros chwarter canrif. Nid oedd heb ei feirniaid. O ganlyniad i'r helynt gyda Violet

Osborn roedd yn haearnaidd a diwyro mewn materion yn ymwneud ag ymddygiad myfyrwyr. Roedd rhai'n gweld ei arferion llym, megis ei bwyslais ar gael awyr iach a ffenestri agored, braidd yn frawychus. Nid oedd yn ffigur cyhoeddus amlwg chwaith: nodwyd mewn proffil newyddiadurol ohono ym 1904 nad oedd fawr neb yng Nghymru'n gwybod pwy ydoedd.[21] Wrth ymdrin yn bersonol â phobl gallai ymddangos yn bell ac oeraidd – er i un myfyriwr ysgrifennu'n ddiweddarach iddo lwyddo 'in breaking through that reserve' a chanfod ei fod yn 'true "guide, philosopher and friend"'.[22] Roedd beirniadu achlysurol ynglŷn â diffyg Cymreictod y Coleg, er i Reichel mewn gwirionedd wneud ymgais led lwyddiannus i siarad ac ysgrifennu Cymraeg. Y gwir ydoedd, fodd bynnag, fod Reichel yn ddyn o argyhoeddiad, a lynodd yn ddigyfaddawd wrth yr hyn a ystyriai'n safonau academaidd uchaf ac a ymroddodd yn ddiarbed i wasanaeth y Coleg. Eto i gyd, roedd y straen o ddatblygu Coleg Prifysgol yn dechrau dweud arno. Aeth yn wael ym 1910 ac fe'i hanfonwyd i Cannes am adferiad ym 1911. Yn ddiweddarach y flwyddyn honno bu farw ei wraig.

Yn anochel, pan ddechreuodd y Rhyfel Byd Cyntaf cyfyngodd ar fywyd academaidd a bywyd y myfyrwyr. Syrthiodd nifer y myfyrwyr wrth i lawer adael i lafurio yn yr ymdrech fawr a daeth rhai o ystafelloedd y Coleg yn wardiau ysbyty milwrol. Bu dadleuon gartref yn ogystal â gwrthdaro dros y dŵr, gyda gwrthwynebwyr cydwybodol yn bresennol yn y Coleg Prifysgol – hyd yn oed yn etholaeth Lloyd George ei hun. Drwodd a thro, fodd bynnag, roedd cefnogaeth gref i'r rhyfel ym Mangor. Ym Mawrth 1915, roedd 82 y cant o fyfyrwyr gwrywaidd Bangor yn aelodau o'r Corfflu Hyfforddi Swyddogion a Bangor a ddioddefodd y colledion mwyaf o unrhyw un o golegau Prifysgol Cymru. Cyn fyfyriwr o Fangor, Arthur Moore Lascelles, a laddwyd ddyddiau'n unig cyn y Cadoediad, oedd yr unig un drwy Brifysgol Cymru gyfan i dderbyn Croes Victoria.[23]

Yn ystod dyddiau blin y Rhyfel Byd Cyntaf y cafodd Prifysgol ffederal Cymru ei hargyfwng hyder cyntaf. Roedd pryderon ariannol yn yr holl golegau Cymreig, er gwaetha'r ffaith i grant y llywodraeth (a oedd, yn rhyfeddol, wedi aros yn ddigyfnewid er 1883–4) gael ei ddyblu ym 1909. Fe wnaeth Pwyllgor McCormick ar Gyllido Prifysgolion ym 1913 baratoi'r ffordd ar gyfer ailgloriannu Prifysgol

Cymru yn fwy manwl. Yn ogystal, dechreuwyd gofyn cwestiynau ynglŷn ag effeithiolrwydd y system ffederal. A oedd yna ddyblygu gwaith? I ba raddau roedd y Brifysgol ffederal yn cydlynu gwaith y colegau? Yn ychwanegol at hyn cafwyd cynnig i greu Ysgol Meddygaeth genedlaethol yng Nghaerdydd. Roedd Prifysgol Cymru i bob golwg yn hen barod am adolygiad. Wedi llawer o drafod, sefydlwyd Comisiwn Brenhinol dan gadeiryddiaeth yr Arglwydd Haldane.

Cyflawnodd Comisiwn Haldane ei waith mewn awyrgylch fregus. Roedd y berthynas rhwng y colegau prifysgol Cymreig yn pendilio'n gyson rhwng cyfeillgarwch ac amheuaeth. Roedd Aberystwyth a Bangor yn amau – nid heb sail – bod gan Gaerdydd ddyheadau i dorri'n rhydd. Teimlai Mary Rathbone, nith cyn Lywydd Bangor, pe bai Aberystwyth a Bangor yn dod at ei gilydd y gallent fod yn 'real University for Wales'.[24] Eto i gyd, roedd gan Aberystwyth a Bangor eu cynhennau eu hunain. Amheuai John Morris-Jones ym 1916 fod cynllwyn ar droed gan Aberystwyth i fod yr unig Goleg a fyddai'n dysgu'r Gymraeg ar lefel uwch. Mewn gwirionedd, roedd rhai yn Aberystwyth yn gobeithio, ond yn gwbl ofer, y gallent ddenu Morris-Jones o Fangor.[25] Yna aeth Thomas Jones, Ysgrifennydd Cynorthwyol i'r Cabinet, a chyfaill mynwesol i Lloyd George, ati i lunio cynllun i ddosbarthu pynciau'n fwy trefnus ar draws y colegau Cymreig, ond credai Bangor ei fod yn gogwyddo'n drwm o blaid Aberystwyth.

Felly, roedd amryw ar bigau'r drain, ond pan ymddangosodd Adroddiad Haldane ym 1918 diflannodd y rhan fwyaf o'r pryderon. Goroesodd Prifysgol Cymru, er bod ei fframwaith ffederal i gael ei ddiwygio'n sylweddol. Gadawyd llonydd i'r colegau prifysgol i bob pwrpas a galwyd am gyllid ychwanegol. Roedd Lloyd George, y Prif Weinidog, yn cyd-fynd â hyn a daeth i'r amlwg yn fuan y byddai'r Trysorlys yn darparu rhagor o gyllid, i gyfateb i gyfraniadau newydd yr awdurdodau lleol.

Gellid disgwyl y byddai pethau wedi dod yn ôl i drefn yn y cyfnod wedi 1918 ond, mewn gwirionedd, roedd yn amser digon anodd. Gwelwyd cynnydd syfrdanol yn niferoedd y myfyrwyr, o 135 ym 1917/18 i tua 500 ddwy flynedd yn ddiweddarach. Roedd adrannau'r gwyddorau yn dal yn y Penrhyn Arms, ac roedd yn argyfwng arnynt o ran lle erbyn hynny. Ym 1917, yn dilyn derbyn rhodd o £20,000 gan Syr Robert Thomas, dyn o Fôn a oedd wedi gwneud ei ffortiwn yn y diwydiant llongau, sefydlwyd Cyngor Coffa Arwyr Gogledd Cymru i goffáu'r rhai o ogledd Cymru a gollodd eu bywydau yn y rhyfel. Rhoddwyd sylw'n arbennig i adeiladu porth coffa ac adeiladau newydd i'r gwyddorau. Cafwyd peth oedi, a chryn drafod, cyn y dewiswyd Henry Hare yn bensaer ar gyfer hyn ym 1919, ond bu farw ddwy flynedd yn ddiweddarach a daeth A. E. Munby yn ei le.

Serch hynny, symudwyd ymlaen yn gyflym. Ym 1920, prynwyd City Mills yn Stryd y Deon gan y Cyngor yn gartref i'r Adran Trydan Cymhwysol, ac ym 1921 rhoddwyd caniatâd i fwrw ymlaen i adeiladu 'inexpensive Science buildings'.[26] Ar 1 Tachwedd 1923, yng ngwydd cynulleidfa o filoedd, agorwyd y Porth Coffa gan Dywysog Cymru (y Brenin Edward VIII wedi hynny) a gosododd garreg sylfaen adeiladau newydd y gwyddorau. Dair blynedd yn ddiweddarach, gadawodd adrannau'r gwyddorau y Penrhyn Arms o'r diwedd.

Roedd addasiadau academaidd a gweinyddol yn angenrheidiol ar ôl y rhyfel. Ym 1919, fe roddodd J. E. Lloyd, ar ôl ymgeisio'n aflwyddiannus am Brifathrawiaeth Aberystwyth, y gorau i fod yn Gofrestrydd ym Mangor. Tynnodd sylw, a hynny'n briodol ddigon, at y ffaith bod y Cyngor am 20 mlynedd wedi cael Cofrestrydd a Phennaeth Hanes am un cyflog.[27] Arhosodd Lloyd fel Athro Hanes a daeth Wynn Wheldon yn Gofrestrydd yn ei le. Yn fab i weinidog, addysgwyd Wheldon yn Ysgol Friars ac yng Ngholeg y Brifysgol ym Mangor (gan raddio ym 1900). Aeth ymlaen i astudio'r Gyfraith yng Nghaergrawnt a gwasanaethodd gyda chlod yn y Rhyfel Byd Cyntaf. Fe'i hanafwyd yn Ffrainc a derbyniodd y DSO ym 1917. Bu hwn yn benodiad buddiol i'r Coleg oherwydd daeth i'r amlwg yn fuan bod Wheldon yn weinyddwr a threfnydd medrus.

Ym 1920, hefyd, ar argymhelliad Syr John Morris-Jones sefydlwyd ail Gadair yn Adran y Gymraeg, mewn Llenyddiaeth Gymraeg. Penodwyd un o raddedigion Bangor, Ifor Williams, iddi. Yn yr un flwyddyn agorodd yr Adran Cerddoriaeth (er nad oedd yn cael ei chydnabod yn ffurfiol bryd hynny fel adran brifysgol) gydag E. T. Davies, mab i farbwr o Ferthyr, yn Gyfarwyddwr arni. Flwyddyn yn ddiweddarach, sefydlwyd Adran Economeg, dan arweiniad Robert Richards, a etholwyd yn aelod seneddol wedi hynny. Ym 1922 ffurfiwyd Cyfadran Diwinyddiaeth, ar ôl gwneud addasiadau i'r siarter i ganiatáu dysgu'r pwnc. Roedd Reichel yn arbennig o falch o'r datblygiad hwn a rhoddodd £450 i brynu llyfrau diwinyddol ar gyfer y llyfrgell. Ganol y 1920au cymeradwywyd cynllun ar gyfer dysgu trydan-dŵr yn yr Adran Trydan Cymhwysol.[28] Drwodd a thro, gwelwyd cynnydd academaidd sylweddol.

Cafwyd newid cywair llwyr ym mywydau'r myfyrwyr ar ôl 1918. Cyn y rhyfel, er bod amryfal gymdeithasau a gweithgareddau chwaraeon yn ffynnu ymysg y myfyrwyr, awyrgylch sidêt o ysgolheictod encilgar a nodweddai'r Coleg Prifysgol drwyddo draw – rhyw fath o 'Balliol Bach' fel y'i disgrifiwyd yn ddiweddarach. Cedwid ffrwyn dynn ar y myfyrwyr yn gyffredinol. Bu tipyn o wrthryfel ym 1901 yn erbyn penderfyniad yr awdurdodau i wahardd dau fyfyriwr gwrywaidd a welwyd yn ystod noson eisteddfod y Coleg 'whispering sweet nothings to young girl graduates'.[29] Prin, serch hynny, oedd digwyddiadau o'r fath. Ar ôl 1918, gyda channoedd a fu'n gwasanaethu yn y lluoedd arfog yn cofrestru, daeth mwy o rialtwch i goridorau dysg. Ystwythwyd rhai o'r rheolau ymddygiad haearnaidd, yn cynnwys yr un a waharddai i ddynion a merched gerdded gyda'i gilydd ar dir y Coleg. Daeth bri ar weithgareddau Rag, sefydlwyd cymdeithasau a chlybiau newydd a daeth bywyd cymdeithasol mwy bywiog i'w canlyn. Roedd myfyrwyr yn fwy parod hefyd i ddangos eu lliwiau gwleidyddol. Ym 1921, sefydlwyd y Gymdeithas Genedlaethol Gymreig ymysg y myfyrwyr. Erbyn 1925, roedd plaid wleidyddol newydd wedi'i sefydlu yng Nghymru, Plaid Genedlaethol Cymru, gyda dau o gyn-fyfyrwyr Bangor, Lewis Valentine a Moses Gruffydd, yn chwarae rhan amlwg yn ei ffurfio. Yn fuan roedd cangen myfyrwyr o'r Blaid wedi'i sefydlu yn y Coleg Prifysgol.

Roedd yn ymddangos fel pe bai'r Prifathro Reichel yn cael trafferth gynyddol i ymdopi â naws y cyfnod wedi'r rhyfel. Roedd yna rai a fyddai wedi hoffi ei weld yn ymddeol ddiwedd y rhyfel, ond roedd yn bur gyffredin y dyddiau hynny i bobl barhau i weithio nes eu bod yn 70. Ym 1924, pan oedd Reichel yn 68 oed, trafododd y Cyngor y mater a'i wahodd i barhau'n ei swydd tan Fedi 1927.[30] Fodd bynnag, roedd wedi ymbellhau oddi wrth fywyd pob dydd y Coleg erbyn hynny, a threuliodd chwe mis yn Seland Newydd ym 1925 yn aelod o gomisiwn prifysgol arbennig.

Wrth gwrs, roedd yr ysgolheigion ifanc disglair a oedd wedi rhoi'r lle ar ei lwybr academaidd hyglod yn y 1880au a'r 1890au yn hen ddynion erbyn hyn. Rhwng 1922 a 1926, er nad oeddent bellach ym Mangor, bu farw saith o arloeswyr academaidd Coleg Prifysgol Gogledd Cymru: Syr Henry Jones, Ballard Mathews, W. Lewis Jones a J. A. Green ym 1922; bu farw Dobbie ym 1924, Gray ym 1925 ac E. V. Arnold ym 1926.

Am gyfnod rhyfeddol faith o 43 blynedd roedd Reichel wedi bod wrth lyw'r Coleg Prifysgol tra bu'n cael ei sefydlu ac yn tyfu. Gyda'i ddysg eithriadol eang a'i ymlyniad diwyro wrth y safonau academaidd uchaf, roedd ei gyfraniad i Goleg Prifysgol Gogledd Cymru yn ddifesur. Ystyriai Reichel ei hun mai Rathbone oedd sefydlydd y Coleg; mae tinc o wirionedd yn hyn ond mae'n anodd gweld sut y gallai cyfraniad neb fod yn fwy na'r eiddo Reichel. Pan ymddeolodd ym 1927 rhoddwyd y teitl 'Rector Emeritus' iddo, ac fe'i hetholwyd yn un o Is-Lywyddion y Coleg. Testun tristwch oedd na allodd yr Arglwydd Kenyon, y Llywydd er 1900, ac un o brif ysgogwyr codi'r adeilad newydd a chydweithiwr agos, ddod i gyfarfod olaf Reichel yn y Cyngor ym Medi 1927. Roedd yn rhy wael a bu farw cyn diwedd y flwyddyn. Heb os, roedd cyfnod wedi dirwyn i ben.

3

'Y *coleg rhyfedd a hardd ar y bryn ym Mangor*'
Dirwasgiad a Rhyfel, 1928–1945

Ni fu penodi olynydd i Reichel ym 1926 yn ddidrafferth a dweud y lleiaf. Taflodd y Cyngor ei rwyd yn eang a bu'n chwarae â nifer sylweddol o enwau. Derbyniwyd pedwar cais a gwrthodwyd tri fel rhai anaddas; nid oedd yr un o'r tri yn Gymry. Ymysg yr enwau a gynigiwyd roedd Wynn Wheldon (y Cofrestrydd), W. Garmon Jones (Athro Hanes yn Lerpwl a mab yng nghyfraith J. E. Lloyd), Ifor Williams ac Ifor L. Evans o Gaergrawnt (Prifathro Aberystwyth yn ddiweddarach). Fodd bynnag, nid oedd amryw o'r rhai a awgrymwyd eisiau cael eu hystyried mewn gwirionedd. Bu'r Pwyllgor Dewis, a gadeiriwyd gan yr Arglwydd Kenyon ac a oedd yn cynnwys Reichel ei hun, yn pendroni fwyaf amlwg ynglŷn ag ymgeisyddiaeth Syr John Morris-Jones. Daeth i'r casgliad, fodd bynnag, ei fod yn rhy hen i'r swydd, yn 63 oed, ac y byddai hefyd yn drychineb i Gymru pe bai'n cael ei arwain oddi wrth ei lafur academaidd. Ar ôl dwys ystyried a thrafod, aeth y Pwyllgor Dewis yn y diwedd am D. Emrys Evans, a oedd yn 36 oed ar y pryd ac yn raddedig o Fangor, ac fe'i hargymhellwyd i'r Cyngor.

Nid oedd y Cyngor yn rhy barod i gydsynio â'r broses hon, fodd bynnag. Ar 15 Rhagfyr 1926, ceisiodd dau o aelodau'r Cyngor gyfeirio'r argymhelliad yn ôl at y Pwyllgor, ond fe'u trechwyd o 20 pleidlais i 5. Yna pleidleisiodd y Cyngor dros fabwysiadu adroddiad y Pwyllgor Dewis o 23 pleidlais i 2. Roedd yn ymddangos bod y mater wedi ei ddatrys a thorrodd y Cyngor am ginio. Ar ôl cinio, gofynnwyd i Emrys Evans wneud datganiad i'r Cyngor ac ateb unrhyw gwestiynau. Yn ystod y datganiad hwn, mentrodd ef ddweud 'if his appointment was likely to create any serious division in the Council, he would have to reconsider his position'.[1] Ar ôl iddo adael, pleidleisiodd y Cyngor drachefn, y tro hwn p'run a oedd am ystyried unrhyw ymgeiswyr eraill: trwy fwyafrif cymharol denau – 17 o bleidleisiau i 12 – penderfynodd beidio â gwneud hynny. Dim ond wedyn y cymeradwyodd y Cyngor yn unfrydol benodi'r Prifathro newydd.

Mewn gwirionedd, profodd David Emrys Evans mai ef oedd yr union ddyn ar gyfer y swydd. Yn fab i weinidog gyda'r Bedyddwyr o Glydach ger Abertawe, roedd wedi graddio gyda Dosbarth Cyntaf mewn Lladin ym Mangor ym 1911. Y flwyddyn ddilynol graddiodd mewn Groeg, gan ennill B.Litt. o Rydychen yn ddiweddarach. Roedd wedi treulio dwy flynedd ar y staff ym Mangor cyn ei benodi'n Athro'r Clasuron yn Abertawe. Yn ŵr tal, main ac ysgolheigaidd ei olwg, roedd yn ymddangos bod ganddo'r doniau i gynnal enw da Bangor a'i ymlyniad wrth safonau uchel o ddysgu ac ysgolheictod. O ran natur roedd yn dawel a phwyllog, gan ddatgan nad ei fwriad oedd gwneud newidiadau ysgubol[2] – a oedd yn beth digon doeth mae'n debyg o ystyried y cyfnod o ddirwasgiad a rhyfel a oedd ar y gorwel. Roedd Evans hefyd yn Gymro twymgalon, ar adeg pan oedd cymeriad Cymreig y Coleg yn dechrau amlygu ei hun. Mae llun ohono gyda Saunders Lewis yn un o ysgolion haf Plaid Genedlaethol Cymru ganol y 1920au, er i'w ddiddordeb mewn gweithgareddau gwleidyddol amlwg bylu i bob golwg wedi hynny. Yn ystod ei flwyddyn gyntaf fel Prifathro, cyflwynodd bapur i'r Cyngor yn datgan mai astudio iaith, hanes, llenyddiaeth a sefydliadau Cymru oedd prif ddyletswydd Prifysgol Cymru.[3]

Gyda Reichel a Kenyon wedi mynd, gellid ymdeimlo ag ysbryd o drawsnewid o'r hen drefn i'r newydd yn cyniwair drwy'r sefydliad. Daeth hyn i'r amlwg drachefn yng ngwanwyn 1929 pan fu farw Syr John Morris-Jones. Gyda'i waith academaidd clodwiw a'i fri diysgog, disgrifiwyd Morris-Jones fel 'leader and inspirer of a literary renaissance',[4] ac roedd ei gyfraniad yn un o gonglfeini datblygiad cynnar y Coleg Prifysgol ym Mangor. Bedair blynedd ar ôl ei farwolaeth, dadorchuddiwyd penddelw ohono yn y Coleg gan y Fonesig Margaret Lloyd George. Cafwyd colledion eraill hefyd. Yn Rhagfyr 1929 bu farw Philip White, Athro Sŵoleg er 1895 – a'r cyntaf i awgrymu cyflwyno astudiaethau bioleg môr – ac ychydig wythnosau'n ddiweddarach bu farw Kennedy Orton, Athro Cemeg er 1903. Yn ôl cydweithiwr iddo roedd yr Adran Gemeg yn deulu 'with Professor Orton as the father'.[5] Hefyd yn ystod 1929/30, ymddeolodd J. E. Lloyd, a oedd erbyn hynny'n Gymrawd yr Academi Brydeinig, fel Athro Hanes. Roedd wedi cyflawni sawl swyddogaeth yn arwrol yn ystod ei 38 mlynedd o wasanaeth, ac yn ddi-os fe ychwanegodd ei waith hanesyddol arloesol yn sylweddol at fri'r Coleg. Parhaodd yn amlwg ar y Cyngor ac fe'i hurddwyd yn farchog ym 1934.

Erbyn 1930, roedd y dirwasgiad economaidd yn tynhau ei afael ym mhobman. Er bod ei nodweddion yn wahanol i'r rhai ym maes glo de Cymru, eto i gyd roedd effaith gyfunol argyfwng mewn amaethyddiaeth, diboblogi cefn gwlad a chwymp ym mhrisiau llechi yn llethu gogledd Cymru. Roedd cyllid yn brin yn y Coleg Prifysgol. Dechreuodd nifer y myfyrwyr Amaethyddiaeth ostwng yn niwedd y 1920au, ac ym 1927/8 cwtogodd y Weinyddiaeth Amaeth ei grant i'r Adran ym Mangor 8 y cant. Protestiodd yr Adran ond yn ofer.[6] Roedd yn ymddangos bod niferoedd myfyrwyr Bangor drwodd a thro yn gostwng o'u cymharu ag Aberystwyth, Caerdydd ac Abertawe ac roedd y drefn ariannu cyfrannol a ddefnyddid yng Nghymru yn anfanteisiol i Fangor. Rhwystrodd cyfyngiadau ariannol sefydlu Cadair yn Hanes Cymru ym 1929, er i ddarlithyddiaeth annibynnol gael ei chreu. At ddiwedd 1929 cwynodd yr athrawon hŷn ynglŷn â'u cyflogau isel, ond i fawr ddiben. Pan ofynnodd Cyngor Prifysgol Cymru ym 1931 i'r holl golegau ystyried arbedion yn eu gweinyddiaeth, cytunodd Bangor yn rwgnachlyd, gan dynnu sylw at y ffaith ei fod wedi cael ei orfodi erioed 'to scrutinize every item of expenditure'.[7] Roedd y Llyfrgell hefyd, dan arweiniad cyn athro ysgol, Dr Thomas Richards ('Doc Tom' fel y'i gelwid ar lafar), yn dechrau gwangalonni ynglŷn â'i hadnoddau. Roedd silffoedd ac ystafelloedd ymchwil yn llawn. Dywedid bod rhai o'r staff yn colli eu hiechyd o ganlyniad i'r pwysau cynyddol arnynt. Pwyswyd am gymorth gan yr UGC ond ofer fu'r ymbilio.[8]

Ceid ambell lygedyn o oleuni, fodd bynnag. Roedd cenhedlaeth newydd o ysgolheigion yn dechrau dod i'r amlwg. Ym 1930 penodwyd F. W. Rogers Brambell, sŵolegydd a aned yn Nulyn, dyn yr oedd cyfuniad o ysgafnder a phenderfyniad cadarn yn amlwg yn ei gymeriad,[9] yn Athro Sŵoleg gan ddechrau gyrfa faith ac anrhydeddus ym Mangor. Un o'i weithredoedd blaengar cyntaf oedd sefydlu cwrs gwyliau mewn Sŵoleg Môr, yn y lle cyntaf ar gais King's College, Llundain. Roedd gan ei ragflaenydd, Philip White, ddiddordebau yn y maes hwn a bu'n rhentu ciosg ar y pier gan Gorfforaeth Bangor fel 'a small marine laboratory'.[10] Ond Brambell a bwysodd ymlaen gyda syniadau i ddatblygu bioleg môr. Gydag amser, daeth Cymrodoriaeth y Gymdeithas Frenhinol a CBE i'w ran.

Roedd G.W. Robinson, gwyddonydd a addysgwyd yng Nghaergrawnt ac a ddaeth yn Athro Cemeg Amaethyddol ym 1926, wedi canolbwyntio ei ddiddordebau gwyddonol ar ddulliau ymchwilio i bridd. Ei gyhoeddiad *Soils: Their Origin, Constitution and Classification* ym 1932 oedd y gwerslyfr cyntaf yn Saesneg ar y pwnc, tra bu cyfrol arall o'i eiddo, *Mother Earth*, ym 1937 yr un mor ddylanwadol. Daeth Robinson yn Gyfarwyddwr cyntaf Arolwg Pridd Cenedlaethol Lloegr a Chymru ym 1939, a daeth yntau hefyd yn Gymrawd y Gymdeithas Frenhinol ac yn CBE. Roedd J. L. Simonsen, a gyrhaeddodd hefyd ym 1930 fel Athro Cemeg, eisoes wedi dod i'r amlwg yn yr Indian Institute of Science yn Bangalore. Ef, mewn gwirionedd, oedd yn gyfrifol am sefydlu'r Indian Science Congress Association, prif sefydliad gwyddonol India. Arhosodd Simonsen ym Mangor am 12 mlynedd; derbyniodd yntau Gymrodoriaeth y Gymdeithas Frenhinol ym 1932 a'i urddo'n farchog yn ddiweddarach.

Bangor hefyd oedd maes gyrfa wyddonol ddisglair David Thoday, deiliad y Gadair Botaneg er 1926. Bu'n Athro Botaneg ym Mhrifysgol Cape Town cyn dod i Fangor, a thros y blynyddoedd i ddod byddai sawl prifysgol yn ceisio ei ddenu oddi yno. Roedd yn un arall eto o'r garfan gref o wyddonwyr adnabyddus o Fangor a dderbyniodd Gymrodoriaeth y Gymdeithas Frenhinol. (Daeth ei fab John, a raddiodd o adran ei dad ym Mangor, yn Athro Geneteg adnabyddus yng Nghaergrawnt ac yn Gymrawd y Gymdeithas Frenhinol). Ym maes Botaneg Amaethyddol, disgleiriai R. Alun Roberts. Yn frodor o Ddyffryn Nantlle a chefnder i'r awdur Kate Roberts, enillodd fri haeddiannol fel athro a chyhoeddodd weithiau ar ei bwnc yn y Gymraeg. Dim ond ar ôl yr Ail Ryfel Byd, ac wedi cyfnod o weithio i'r Weinyddiaeth Amaeth, y daeth Alun Roberts yn Athro cyntaf Botaneg Amaethyddol. Rhwng popeth, gwasanaethodd Goleg Prifysgol Gogledd Cymru am 40 mlynedd a daeth yn gadeirydd cyntaf Cadwraeth Natur yn y 1950au.

Ym maes y celfyddydau, newydd-ddyfodiad arall oedd A. H. Dodd fel Athro Hanes ym 1930. Yn fab i brifathro ysgol o Wrecsam ac wedi graddio o Rydychen, daeth Dodd i fri am safonau aruchel ei ymchwil hanesyddol. Ysgrifennodd amryw lyfrau, yn eu plith *The Industrial Revolution in Wales* (1933) a *Studies in Stuart Wales* (1952). Roedd yn lladmerydd croyw dros ei ddisgyblaeth, gan ddadlau'n biwis braidd (ond efallai'n ddigon priodol) ar un achlysur y byddai'r byd yn cael ei redeg yn well 'if fewer of the people running it were under the illusion that history began in 1789 or 1815'.[11] Roedd hefyd yn un o selogion y rhaglen efrydiau allanol a Chymdeithas Addysg y Gweithwyr (WEA), a gwasanaethodd yn glodwiw am 28 mlynedd fel Athro Hanes. Darlithydd yn unig oedd yn chwifio baner Hanes Cymru ond roedd deiliad y swydd honno, R. T. Jenkins, a oedd yn 49 oed pan ymunodd â'r staff ym Mangor ym 1930, eisoes wedi dod i gryn amlygrwydd fel hanesydd a llenor. Roedd rhychwant eang i'w ddiddordebau deallusol, yn cynnwys diwinyddiaeth, pensaernïaeth a gwareiddiad Ffrainc, ond ei lyfr *Hanes Cymru yn y Ddeunawfed Ganrif*, a gyhoeddwyd ym 1928, a fawrygwyd fwyaf. Yn y pen draw daeth yn Athro ym 1945, dair blynedd cyn iddo ymddeol, ac ymysg ei orchestion niferus wedi hynny roedd ei waith fel golygydd *Y Bywgraffiadur Cymreig*. Dyfarnwyd Medal Aur Anrhydeddus Gymdeithas y Cymmrodorion i R. T. Jenkins ym 1953 a daeth yn CBE ym 1956.

Yn Adran y Gymraeg, roedd Ifor Williams yn rhoi prawf amlwg o'i addasrwydd i ddilyn yn ôl traed Syr John Morris-Jones. Yn sicr, o ran grym deallusol pur ac ysgolheictod mewn llenyddiaeth Gymraeg, prin y gallai neb ragori ar Ifor Williams. Fe'i ganed yn Nhregarth, ger Bangor, yn fab i chwarelwr ac yn ei arddegau bu'n gaeth i'w wely am gyfnod maith o ganlyniad i anafiadau a gafodd mewn damwain. Ni wnaeth hynny ei rwystro rhag cael graddau mewn Groeg a Chymraeg; ymunodd â'r staff a dyfarnwyd iddo Gadair Bersonol ym Mangor yn 39 oed, gan olynu Morris-Jones i Gadair y Gymraeg pan fu yntau farw. Cyhoeddodd yn helaeth, ond ei brif faes ymchwil oedd yr Hengerdd – y farddoniaeth Gymraeg gynnar a gysylltir ag Aneirin, Taliesin a Llywarch Hen. Cyhoeddwyd ei waith disgleiriaf, *Canu Aneirin*, ym 1938. Y flwyddyn honno hefyd daeth Ifor Williams yn Gymrawd yr Academi Brydeinig ac fe'i hurddwyd yn farchog ym 1947. Fel y nododd olynydd iddo, ef yn syml oedd 'the doyen of Celtic scholars'.[12]

Roedd llawer o ysgolheigion amlwg eraill ym Mangor yn y 1930au. Roedd Harold Rowley (Ieithoedd Semitig) wedi gwasanaethu'n flaenorol fel cenhadwr gyda'r Bedyddwyr yn China, ac wedi cael clod rhyngwladol am ei astudiaethau ar yr Hen Destament. Edmygid D. James Jones (Athroniaeth) yn fawr gan ei fyfyrwyr a chyhoeddodd astudiaeth ar y meddwl Groegaidd ym 1939. Roedd J. Morgan Rees (Economeg) yn awdurdod blaenllaw ar ymddiriedolaethau yn niwydiant Prydain, tra bu H. G. Wright, a fu'n Athro'r Saesneg am 35 mlynedd, yn gyfrifol am ddod â barddoniaeth Edward Thomas i sylw cynulleidfa ehangach.

Roedd arweinwyr newydd wrth y llyw gweinyddol hefyd yn y 1930au. Ystyriwyd Wynn Wheldon yn ymgeisydd posibl am y Brifathrawiaeth ym 1926 a thair blynedd yn ddiweddarach cafodd gynnig swydd Cofrestrydd yn Aberystwyth gan Lywydd y coleg hwnnw.[13] Roedd yn weinyddwr abl ac effeithiol ac efallai bod symud yn anochel. Ym 1933 penodwyd Wheldon yn Ysgrifennydd Parhaol Adran Gymreig y Bwrdd Addysg. Parhaodd i fod yn weithgar, a dylanwadol yn wir, ar Gyngor y Coleg ac fe'i hurddwyd yn farchog ym 1939. Byddai wedi bod yn destun cryn foddhad iddo wybod bod darlith wedi ei sefydlu yn y Coleg Prifysgol, lawer blwyddyn wedyn, er cof am ei fab, Syr Huw Wheldon, cyn Gyfarwyddwr Cyffredinol y BBC.

Olynwyd Wheldon ym Mehefin 1933 gan ei gymydog, E. H. Jones. Roedd gan Elias Henry Jones gefndir amrywiol a lliwgar. Yn fab i Syr Henry Jones, ac yn fab yng nghyfraith i Dr Griffith Evans, roedd ei wreiddiau'n ddwfn yn hanes y Coleg. Fodd bynnag, yn Aberystwyth y cafodd ei eni a chafodd yrfa academaidd ddisglair yn Glasgow, Rhydychen a Grenoble. Ar ôl cymhwyso'n fargyfreithiwr, bu'n gweithio i Wasanaeth Sifil yr India. Ymunodd â Byddin India yn ystod y Rhyfel Byd Cyntaf, ac fe'i cymerwyd yn garcharor a'i garcharu yn Nhwrci lle cafodd ei arteithio. Yn y diwedd, dihangodd trwy gymryd arno ei fod yn wallgof. Atgofiodd ei brofiadau poenus mewn llyfr tra phoblogaidd, *The Road to En-Dor*, er mai prin y soniai amdanynt ar ôl hynny. Ar ôl gweithio fel ysgrifennydd i'r Arglwydd Curzon ac i bwyllgor y llywodraeth ar y Dwyrain Canol (yr oedd Winston Churchill yn aelod ohono), dychwelodd i Burma ym 1920. Yna, ymddeolodd yn gynnar ym 1924 i fyw ym Mangor, ac yn 50 oed daeth yn Gofrestrydd y Coleg Prifysgol y bu ei dad yn ymgyrchu i'w greu.

Erbyn i'r Coleg Prifysgol ddathlu ei jiwbilî ym 1934, roedd ganddo 636 o fyfyrwyr ac oddeutu 94 o staff academaidd. Bu'r jiwbilî'n gyfle i edrych yn ôl â balchder ar gyflawniadau'r Coleg, a hefyd i godi arian ar gyfer datblygiadau pellach. Dechreuwyd apêl i gasglu £20,000 a rhoddwyd dechrau da iddi gan y Llywydd, yr Arglwydd Gladstone (a oedd wedi olynu'r Arglwydd Kenyon), a gyfrannodd £1,000 tuag at yr Adran Gerddoriaeth. Gwnaeth y Coleg yn siŵr bod ei jiwbilî yn cael y sylw dyladwy (anfonwyd neges o gefnogaeth gan Dywysog Cymru), ond nid oedd hwn yn amser i fynd dros ben llestri. Fel y dywedodd y feistres tŷ wrth y Pwyllgor Jiwbilî, 'a maximum of 500 to 600 teas is all the kitchen can undertake with a dignity suitable to the College'.[14]

Efallai bod i fywyd yn y 1930au rai nodweddion digon amhleserus, ond nid oedd myfyrwyr Bangor yn gwangalonni nac yn llaesu dwylo. Roedd yna lawer o gymdeithasau bywiog ymysg y myfyrwyr. Roedd rhai'n gysylltiedig â disgyblaeth academaidd, megis Cymdeithas Llywarch Hen (i fyfyrwyr y Gymraeg) neu'r Cercle Français; roedd eraill yn gymdeithasau trafod yn eu hanfod, fel y Wranglers' Club (a oedd yn annog trafodaeth ar unrhyw destun) a'r Rockets' Club. Roedd clybiau eraill llai swyddogol – a llai parchus yn sicr – hefyd yn ffynnu. Cyhoeddai'r XXX Club gylchgrawn lled ddireidus, *The Undertaker*, gan wrthod yn bendant â datgelu enw'r golygydd, tra wynebodd y 'Q' Club lid awdurdodau'r Coleg a chael ei wahardd am gyhoeddi penillion difrïol am Warden y Merched, Muriel Davies.[15] Ceid cymdeithasau gwleidyddol grymus hefyd, yn cynnwys y Clwb Sosialaidd, y Clwb Radicalaidd a'r Clwb Ceidwadol (a ffurfiwyd ym 1939). Ffurfiwyd y '20th Century Club' i roi mwy o amlygrwydd i ferched ym materion y Coleg, tra mai nod y mudiad 'Gwerin' (a sefydlwyd gan Goronwy Roberts, myfyriwr Cymraeg gwladgarol a gweinidog mewn llywodraeth Lafur yn ddiweddarach) oedd gwarchod a chryfhau hawliau Cymru a'i phobl.[16] Ffurfiwyd yr Anti-War Club ym 1935 wrth i bolisi llywodraeth Prydain symud i gyfeiriad ailarfogi a dywedodd fod 'a strong anti-militarist feeling' ymysg myfyrwyr.[17] Ar ôl gwasanaeth Dydd y Cadoediad ym 1936, gorymdeithiodd myfyrwyr trwy Fangor yn cario baner yn cyhoeddi'r neges 'Students Want Peace'.[18] Roedd Mudiad Cristnogol y Myfyrwyr hefyd yn gryf gyda'r myfyrwyr yn gyson chwyddo'r gynulleidfa yng Nghapel Tŵr Gwyn ym Mangor Uchaf. Nid oedd gweithgareddau personol a chymdeithasol yn gorffen wrth raddio chwaith. Roedd Cymdeithas y Cyn Fyfyrwyr yn egnïol yn ystod y blynyddoedd rhwng y ddau ryfel, gyda dawnsfeydd, gyrfaoedd chwist a thripiau siarabáng, yn rhan boblogaidd o'u haduniadau blynyddol.

Roedd y Brifysgol yn dal yn gymharol fychan ac wedi hen fagu rhyw fath o awyrgylch deuluol. Ym 1935/6, pan oedd yno 572 o fyfyrwyr, roedd 90 y cant ohonynt yn dod o Gymru. Roedd nifer sylweddol o fyfyrwyr yn ferched neu feibion graddedigion o Fangor, gyda rhai fel John Thoday a Daphne Robinson yn feibion a merched athrawon. Ymhellach, arhosodd cyfran gymharol uchel o raddedigion Bangor a chael swyddi ar staff y Coleg. Efallai ei bod yn anochel i hynny ddigwydd ym maes iaith a llenyddiaeth Gymraeg: roedd Ifor Williams, Thomas Parry a J. E. Caerwyn Williams i gyd yn alumni. Ond roedd llawer o enghreifftiau eraill: Dafydd ap Thomas, a oedd wedi ennill graddau mewn Hebraeg a Lladin erbyn 1935 ac a fu ar y staff am bron i 40 mlynedd; Hywel D. Lewis, a gafodd MA gyda rhagoriaeth ym 1934 ac a ymunodd â'r Adran Athroniaeth yn ddiweddarach; Huw Morris-Jones a gafodd Ddosbarth Cyntaf mewn athroniaeth ym 1934 ac a benodwyd hefyd i'r Adran. Cafodd Wynn Humphrey Davies, y bu ei dad yn gynorthwywr i Emrys Evans, Ddosbarth Cyntaf mewn trydan cymhwysol ym 1933 ac er iddo dreulio ond ychydig flynyddoedd ar y staff, roedd yn ddechrau cysylltiad â'r Coleg Prifysgol a rychwantodd wyth degawd.

Roedd pryderon ynglŷn â'r iaith Gymraeg ac astudiaethau Cymreig yn hawlio sylw yn y 1930au. Nododd y Pwyllgor Ymgynghorol ar Astudiaethau Cymreig ym 1934 – mewn paragraff wedi'i fewnosod i bob golwg gan y Prifathro – 'careful attention has been given to the question of Welsh qualifications in appointments' er canol y 1920au.[19]

Ymysg yr uwch swyddi academaidd roedd Cymry'n weddol amlwg. Ar wahân i'r Prifathro ac Athro'r Gymraeg, roedd E. A. Owen (Ffiseg), R. Alun Roberts (Botaneg Amaethyddol), Hudson-Williams (Groeg), a D. James Jones (Athroniaeth) ymysg y rhai a fu'n gymorth i roi cymeriad cynyddol Gymreig i'r Coleg Prifysgol.

Roedd myfyrwyr yn y 1930au hefyd yn gallu ymddwyn yn ddigon afreolus ar brydiau. Roedd y Coleg, fel arfer, yn ceisio cadw ffrwyn dynn ar ymddygiad myfyrwyr, er nad yn gwbl llwyddiannus. Yn y 1930au roedd rheoliadau'n gwahardd myfyrwyr rhag mynd i dafarnau ym Mangor oni bai iddynt gael caniatâd gan y Prifathro, tra disgwylid i'r holl fyfyrwyr fod yn eu lletyau fel rheol erbyn 11 y nos.[20] Yn ogystal, ym 1937 teimlodd y Senedd reidrwydd i wahardd 'serenading of women students' oni bai bod Warden y Merched wedi caniatáu hynny ymlaen llaw.[21] Tua'r un pryd roedd y Llyfrgellydd Thomas Richards – yn dal yn athro ysgol o'i gorun i'w sawdl – yn rhoi gwybod am ymddygiad digon cythryblus: 'three gentlemen, two MAs and a trainer, tried to insert Dr Helsby's dog into the lower Library; they were caught and will not see the inside of either library for the rest of this term.'[22] Yr hyn a oedd yn destun pryder amlaf i awdurdodau'r Coleg oedd y diffyg ymatal yn eu tyb hwy a nodweddai weithgareddau'r wythnos Ryng-Golegol Gymreig. Ym 1938, ceisiodd y Prifathro yn arbennig roi terfyn ar wythnos Ryng-Golegol y myfyrwyr gan ei ddisgrifio fel 'annual plague'.[23] Ni lwyddodd, ond erbyn hynny roedd digwyddiadau llawer mwy brawychus ar y llwyfan rhyngwladol yn dechrau bwrw eu cysgod dros fywyd prifysgol.

Roedd gwaith academaidd yn cael ei lesteirio'n gynyddol wrth i'r degawd fynd rhagddo. Nid ymddangosai'n bosibl datblygu'r cwricwlwm fawr ddim: nid oedd syniadau wedi pallu ond roedd yr hinsawdd ariannol yn atal sefydlu cyrsiau newydd. Bu awydd ers tro i sefydlu Daeareg a Mwyngloddiaeth. Ym 1936, galwodd y Senedd yn ffurfiol am sefydlu Cadair mewn Daeareg, ond nid oedd yr amseroedd yn ffafriol. Cafwyd cynigion y flwyddyn ganlynol i sefydlu Daearyddiaeth fel pwnc ond bu'n rhaid rhoi'r rhain hefyd o'r neilltu, a throi clust fyddar wnaeth Prifysgol Cymru i'r ceisiadau taer am gydnabod gradd mewn Cerddoriaeth. Tuag at ddiwedd y degawd, penderfynodd y Cyngor rewi swydd Athro Groeg yn dilyn ymddeoliad Hudson-Williams.

Yr un pryd, roedd adrannau a oedd eisoes wedi'u sefydlu, yn arbennig yn y gwyddorau, yn ymlafnio yn erbyn anawsterau. Cwynodd Edwin Owen, Athro Ffiseg, ynglŷn â'r angen brys am gyfnodolion ym 1935/6, tra gofidiai Brambell (Swoleg) am y gefnogaeth dechnegol annigonol yn ei labordai.[24] Roedd problemau gyda'r adeiladau hefyd. Ym 1937, cwynodd darlithydd mewn Cemeg Amaethyddol am y 'grievous bodily inconvenience through the falling of water on his head' oherwydd bod y to'n gollwng.[25] Roedd yr Adran Fotaneg wedyn yn cael ei phoeni'n gyson gan lygod mawr. 'Yesterday young rats had actually to be chased out of the laboratories. Miss Hitching reports that they are numerous', cofnododd David Thoday.[26] Y gwir oedd bod sefyllfa ariannol y Coleg yn wirioneddol simsan. Fel colegau eraill Prifysgol Cymru, roedd cronfeydd gwaddol Bangor yn druenus o fychain. Dechreuodd nifer y myfyrwyr ostwng o 1933/4, ac roedd yr incwm o ffioedd dysgu 7 y cant yn is ym 1938 nag yr oedd bum mlynedd ynghynt. Yn wir, y flwyddyn honno cytunodd Cyngor y Coleg yn anfoddog i gynyddu y ffioedd o bum punt.[27] Ond, erbyn hynny, roedd newidiadau enfawr yn amgylchiadau'r Coleg ar y trothwy.

Nid oes amheuaeth nad oedd y Coleg Prifysgol ym mhellafoedd gogledd-orllewin Cymru, ac yn arbennig ei brif adeilad mawreddog, yn atyniad llawn symbolaeth, a chyfriniol bron, i lawer – 'the strange and beautiful hillside college at Bangor' fel y'i galwyd gan C. S. Lewis, awdur y storïau *Narnia* poblogaidd, pan draddododd gyfres o ddarlithoedd yno ym 1941[28] (neu'r 'Coleg ar y Bryn' fel y'i gelwid gan lawer). Gwelwyd hefyd y gallai fod yn dra defnyddiol pe bai rhyfel yn torri allan. Ym 1938, cynhaliwyd trafodaethau cyfrinachol ar gais yr Oriel Genedlaethol i gadw gweithiau celf gwerthfawr yn Neuadd Prichard-Jones pe bai'n dod yn rhyfel. Pan oedd argyfwng Munich yn ei anterth ddiwedd Medi 1938, daeth galw brys am drefniant o'r fath, a rhybuddiwyd y Coleg i ddisgwyl llwyth o ddarluniau o fewn ychydig ddyddiau. Dridiau'n ddiweddarach, wrth i'r Prif Weinidog Chamberlain ddychwelyd o'r Almaen i gyhoeddi 'Heddwch yn ein cyfnod', daeth telegram gyda'r neges gwta: 'despatch cancelled'. Wrth gwrs, bu'n rhaid atgyfodi'r trefniant y flwyddyn wedyn. Edrychwyd ar nifer o adeiladau eraill yn yr ardal gan swyddogion yr Oriel Genedlaethol, ac roedd Neuadd Prichard-Jones (ynghyd â Chastell Penrhyn) yn gwneud Bangor yn 'admirable clearing-house as well as storage space'. Mewn gwirionedd, bu'n rhaid gwneud addasiadau pur helaeth i'r Neuadd (yn cynnwys gosod barrau dur ar y ffenestri) er mwyn cadw'r darluniau yno. Cadwyd dros 500 o ddarluniau – yn cynnwys rhai gan Botticelli, Rubens a Rembrandt – yn Neuadd P-J o 1939 tan 1941, pan gawsant eu symud i Chwarel y Manod ger Blaenau Ffestiniog. Pan ddaeth yn rhyfel, ysgrifennodd cyfarwyddwr yr Oriel Genedlaethol, Syr Kenneth Clark, i ddiolch i Goleg Prifysgol Gogledd Cymru 'for the saving of so many precious pictures'.[29]

Effaith fwyaf pellgyrhaeddol blynyddoedd y rhyfel fu symud myfyrwyr o Brifysgol Llundain i Gymru. Yn Nhachwedd 1938, gofynnodd Pwyllgor yr Is-Gangellorion a Phrifathrawon (CVCP) i'r Prifathro Emrys Evans ystyried faint o'r cyfryw fyfyrwyr y gallai Bangor eu cymryd. Erbyn gwanwyn 1939, daeth yn eglur y disgwylid i Fangor roi lle i'r rhan fwyaf o fyfyrwyr y gwyddorau o Goleg Prifysgol Llundain (UCL). Bu ansicrwydd y sefyllfa – gyda cholli myfyrwyr presennol pe bai'n dod yn rhyfel a derbyn mewnlifiad o rai eraill o Lundain – yn destun cryn boen a phryder i'r Prifathro a'r Cofrestrydd. Ym Mai 1939, cyffesodd Emrys Evans wrth Brifathro UCL: 'I am not feeling altogether happy about the arrangements for accommodation under our scheme.'[30] Y diwrnod wedyn daeth pethau'n gliriach: byddai 154 o fyfyrwyr UCL yn cael eu trosglwyddo i Fangor a dylai'r Coleg baratoi hefyd i dderbyn 100 arall o fyfyrwyr o Brifysgol Lerpwl.

Fel y bu pethau, ni ddaeth unrhyw fyfyrwyr o Lerpwl, ond cyrhaeddodd 197 o UCL. Yn ogystal symudodd 17 o staff dysgu UCL i Fangor. Yn eu plith roedd y swolegydd G. P. Wells (mab H. G. Wells) a D. M. S. Watson, y palaeofiolegydd adnabyddus a oedd wedi gweithio â Marie Stopes, wedi darlithio ym Mhrifysgol Yale ac a oedd y gwyddonydd cyntaf i ddangos bod mamaliaid wedi esblygu o ymlusgiaid. Hefyd i ddarlithio i Fangor daeth John Neale, yr hanesydd Elisabethaidd clodfawr. Bu ychydig o ymgecru ynglŷn â'r trefniadau ariannol gydag UCL – gyda Thrysorydd Bangor, Syr William Vincent, yn cyfaddef 'our financial position is very bad just now'[31] – ond yn y pen draw cafwyd cytundeb ffurfiol. Roedd rhwystrau trefniadol sylweddol i'w goresgyn hefyd. Cofiai llawer o fyfyrwyr Llundain gyrraedd gorsaf Bangor yn y nos ym 1939, cael eu rhoi mewn lletyau yn Ffordd Deiniol a chael eu swyno gan groeso'r gwragedd tai lodjin Cymreig. ('If you want more bread and butter, please ring the bell', oedd cyfarchiad cyson un bob nos ar ôl gweini'r pryd bwyd.)[32] Defnyddiai myfyrwyr UCL fainc mewn ystafell yn y prif adeilad i wneud eu gwaith academaidd tan 1942 pan sefydlwyd labordy ar eu cyfer mewn hen siop feics yn 164 Stryd Fawr.

Drwodd a thro, fodd bynnag, bu'r trefniant ag UCL yn llwyddiannus. Yn wahanol i Aberystwyth, lle daeth peth tensiwn rhwng myfyrwyr lleol a rhai o Lundain i'r amlwg, fe wnaeth myfyrwyr UCL ymgartrefu'n gyflym ym Mangor. Erbyn Hydref 1939 gallai'r Prifathro roi gwybod i Brifathro UCL bod 'things seem to be settling down here very comfortably'.[33] Gwelodd ysgrifennydd Darllenfa'r Staff, Dafydd ap Thomas, hefyd fod ei gydweithwyr o Lundain yn griw hwyliog.[34] Fel y digwyddodd pethau, niweidiwyd adeiladau'r UCL yn fwy gan fomiau yn ystod y rhyfel na rhai unrhyw brifysgol arall ac arhosodd y staff a'r myfyrwyr ym Mangor am bum mlynedd. Yn wir, arhosodd rhai o fyfyrwyr UCL yn llawer hwy, megis John Hobart (Swoleg Cymhwysol) a fu'n aelod staff ym Mangor am gyfnod maith. Yng ngeiriau A. H. Dodd yr ymateb cyffredinol i ddiwedd y trefniant oedd 'unqualified regret'.[35] Pan adawodd staff UCL fe wnaethant gyflwyno i'w cydweithwyr ym Mangor gyfrolau wedi eu rhwymo o'r *Oxford English Dictionary*, a hynny mewn cas llyfrau wedi'i wneud o goed a arbedwyd o'r adeiladau a fomiwyd yn UCL.

Oherwydd y mewnlifiad o fyfyrwyr o Lundain llwyddodd y Coleg Prifysgol i ddal gafael ar ryw fath o normalrwydd academaidd. Bu dros 200 o fyfyrwyr UCL ym Mangor am bedair blynedd yn olynol ac, oni bai amdanynt, byddai nifer y myfyrwyr wedi gostwng dan 350. Fel ag yr oedd, parhaodd y boblogaeth fyfyrwyr yn sylweddol, a gwelwyd y nifer uchaf erioed o fyfyrwyr yn y blynyddoedd o 1939 tan 1942. Roedd hyn yn creu sawl problem. Yn gynnar ym 1940/1, pryderai'r Cofrestrydd fod y ffreutur yn orlawn yn aml. 'The room is apt to be full of smoke by 1.30,' meddai wrth y Prifathro.[36] Nid oedd yn hawdd cael lletty chwaith. Fe wnaeth y Bwrdd Tai Lodjin Myfyrwyr, dan gadeiryddiaeth y Prifathro, dynnu un ar ddeg o enwau oddi ar y rhestr o letyau cymeradwy oherwydd eu bod yn gwrthod derbyn myfyrwyr, ac roedd llawer yn byw dan amodau cyfyng. Brawychwyd tipyn ar y Bwrdd o dderbyn adroddiad am bedwar tŷ lle roedd myfyrwyr yn cysgu gyda'i gilydd mewn gwelyau dwbl.[37] Roedd sefyllfa o'r fath yn galw am sylw rhag blaen.

Efallai bod Coleg y Brifysgol ym Mangor wedi cael ei ystyried gan rai fel rhyw fath o hafan ddiogel, ond yn sicr roedd rhwystrau a chyfyngiadau bywyd yn ystod y rhyfel yn effeithio arno fel ym mhobman arall. Cafodd y dogni bwyd a diffyg nwyddau i'w prynu effaith yn syth. Erbyn gwanwyn 1940 roedd llawer o adeiladau'r Coleg wedi cael eu hawlio gan y llywodraeth. Ffurfiwyd Pwyllgor Gochel Cyrchoedd Awyr a gosodwyd seiren rhybudd ar y tŵr yn y prif adeilad. Archebwyd hyd at 5,000 o fagiau tywod, ynghyd â cheibiau, rhawiau, trosolion a dau ddwsin o lampau stabl.[38] Penodwyd 'gwyliwr nos' ar gyfer adrannau'r gwyddorau ac adeiladwyd lloches rhag cyrchoedd awyr i gynnwys 70 i 80 o bobl ar safle'r gwyddorau. Roedd pob drws, ac eithrio un, yn cael ei gloi a'i folltio am 10 o'r gloch bob nos. Ni ellid ystyried prynu angenrheidiau, heb sôn am unrhyw foethau: ym 1940 gohiriwyd gosod hysbysfwrdd hyd yn oed yn yr amgueddfa oherwydd 'financial stringency'.[39] Nid oedd y llywodraeth yn hel dail o gwbl wrth fynnu defnyddio adeiladau'r Coleg. Yn Nhachwedd 1940, bu awgrym y dylid gosod gwn peiriant ar ben tŵr y Coleg yn dipyn o dreth ar gwrteisi a thact arferol Emrys Evans hyd yn oed. Roedd bwriadau'r lluoedd arfog yn amlwg iawn, fel yr adroddodd y Cofrestrydd, E. H. Jones, wrth gyn gyd-weithiwr: 'You would not recognize the College today. The sandbags are in position, and the military in possession of a very large portion of the building . . . These are truly hectic times . . . The Golf Club clientele is becoming thinner and thinner.'[40]

Codwyd yr ysbryd yn ystod y 1940au gyda pherfformwyr dawnus ymysg y myfyrwyr. Roedd yr enwocaf o'r rhain, 'Triawd y Coleg' – sef Robin Williams, Cledwyn Jones a Meredydd Evans – yn ddiddanwyr hynod boblogaidd gan gymryd rhan yn aml ar raglenni radio Cymraeg mwyaf dylanwadol y cyfnod.

Dyfalbarhaodd y staff a'r myfyrwyr, er gwaetha'r anawsterau. Gofidiai'r uwch academyddion fod y trafferthion a'r prinder yn cael effaith niweidiol ar addysg eu myfyrwyr. Teimlai H. G. Wright, Athro'r Saesneg, fod 'the atmosphere of general unrest' yn effeithio'n arbennig ar y myfyrwyr gwrywaidd.[41] Yr un oedd yr hanes mewn Cemeg wedyn, gyda J. L. Simonsen yn nodi bod ei fyfyrwyr dan 'not inconsiderable psychological strain'.[42]

Gadawodd blynyddoedd y rhyfel eu hôl hefyd ar aelodau hŷn y Coleg. Yn hydref 1940, lladdwyd mab y Cofrestrydd, E. H. Jones, ar faes y gad. Yn Rhagfyr, collodd E. H. Jones ei hun ei iechyd a rhoddwyd 12 mis o seibiant iddo. Gwaetha'r modd, ni ddychwelodd; ymddeolodd yn ffurfiol ym 1942, a bu farw flwyddyn yn ddiweddarach. Bu'n was medrus a diwyd i'r Coleg ac, o ystyried yr amodau ar y pryd, nid ystyriwyd y byddai'n briodol penodi olynydd iddo nes i'r rhyfel orffen. Ym 1941, bu farw Syr William Vincent a fu'n Drysorydd er 1932, ac am gyfnod bu G. A. Humphreys, Cadeirydd y Cyngor, hefyd yn wael. Roedd y Llywyddiaeth wedi newid dwylo ddwywaith rhwng 1935 a 1940. Bu'r Arglwydd Gladstone, mab y cyn Brif Weinidog, yn Llywydd ymroddedig ond bu farw ym 1935 a'i olynu gan yr Arglwydd Howard de Walden. Ni allai ef ddod i gyfarfodydd yn aml ac ymddiswyddodd ym 1940 gyda'r Arglwydd Harlech yn dod yn ei le. Fe wnaeth y straen a'r treialon ddweud ar y Prifathro hefyd yn y pen draw. Ym Medi 1945 cafodd gyfnod o seibiant i adfer ei iechyd. Cydnabuwyd bod ei salwch yn ganlyniad 'unsparing efforts on behalf of the College', a bu o'i waith am y flwyddyn academaidd lawn.[43]

Er gwaetha'r rhwystrau ariannol a chyfyngiadau'r rhyfel ar gyflenwadau, cwblhawyd un datblygiad adeiladu pwysig ym 1941/2. Roedd cynigion i adeiladu hostel newydd i'r dynion, er mwyn cynorthwyo 'in the social, intellectual and moral growth of male students',[44] wedi cael eu rhoi gerbron yn wreiddiol ddiwedd y 1930au. Roedd y Prifathro Emrys Evans wedi ymweld â neuaddau preswyl mewn prifysgolion eraill i weld y cyfleusterau diweddaraf ac, ym 1938, cymeradwyodd y Cyngor y cynllun ar gyfer yr adeilad a gyflwynwyd gan y pensaer adnabyddus Percy Thomas o Gaerdydd. Bu'r costau'n uwch na'r disgwyl, ond gyda phenderfyniad canmoladwy, symudodd Cyngor y Coleg ymlaen gyda'r adeiladu. Ym mis Hydref 1939, cytunodd y Cyngor yn unfrydol y dylid enwi'r neuadd ar ôl y Prifathro cyntaf. O fewn tair blynedd, roedd Neuadd Reichel wedi meithrin ysbryd cymunedol rhyfeddol. Fe'i hystyrid yn llwyddiant digymysg ac roedd rhestr aros hir i fynd iddi.

Erbyn 1943, roedd pobl yn dechrau meddwl am ailadeiladu. Mewn gwirionedd, roedd y Cyngor wedi sefydlu Pwyllgor Ailadeiladu Wedi'r Rhyfel ym 1942. Roedd ei adroddiad cyntaf, yn Hydref 1943, yn ymdriniaeth uchelgeisiol, ond nid afrealistig, o anghenion Coleg y Prifysgol a'i amcanion yn y dyfodol. Ystyrid bod datblygu Bioleg Môr yn flaenoriaeth allweddol ar gyfer y dyfodol. Y flwyddyn cynt roedd Rogers Brambell wedi cyflwyno cynnig craff i sefydlu Gorsaf Bioleg Môr ym Mangor a phrynu cwch o safon ar gyfer gwneud gwaith ymchwil. Ei weledigaeth oedd y byddai'r orsaf hon yn gweithredu ar gyfer Cymru gyfan gan ddod yn adnodd cenedlaethol. Roedd sicrhau safle addas gyda chyflenwadau parod o ddŵr môr, yn ogystal â chael y cyllid angenrheidiol, yn fân rwystrau a fyddai'n cymryd peth amser i'w datrys. Ond roedd cam pwysig ymlaen wedi'i wneud. Ym 1942/3, daeth yr Adran Trydan Cymhwysol yn Adran Peirianneg Drydanol Syr T. D. Owen a thrwy hynny ehangu ei maes academaidd. Roedd Coedwigaeth hefyd yn rhagweld twf a chyfle i gyfrannu at bolisi coedwigaeth y Llywodraeth wedi'r rhyfel. Roedd sefydlu Daeareg fel pwnc wedi cael ei ystyried ar sawl achlysur ac roedd y Pwyllgor Ailadeiladu'n awr yn credu ei fod yn 'one of the most urgent new developments'.[45] Pwysai Cyfadran y Celfyddydau'n gryf am gynnwys y gyfraith fel pwnc atodol, er yr ystyriai'r pwyllgor yr angen i ystyried perthynas Bangor ag Aberystwyth yn hyn o beth. Ystyrid bod cael llyfrgell newydd ac adeilad ar gyfer Undeb y Myfyrwyr hefyd yn hanfodol.

Roedd adroddiadau'r Pwyllgor Ailadeiladu'n arwyddion pwysig o'r hyn oedd i ddod a buont o gymorth hefyd i godi'r ysbryd. Erbyn 1944/5, roedd teimladau newydd o obaith a dyhead yn dechrau disodli prudd-der a llymder blynyddoedd y rhyfel. I fyfyrwyr a oedd yn cyrraedd Bangor wrth i'r rhyfel dynnu at ei derfyn, roedd y Coleg Prifysgol a'i brif adeilad fel pe bai'n consurio naws o ddysg ac aberth, ond hefyd o obaith a hyder. Fel yr atgofiodd un o'r myfyrwyr hynny, Raymond Garlick, flynyddoedd lawer yn ddiweddarach, 'the great buildings seemed cold, echoing and half-empty when I went up to Bangor in September 1944'. Aeth ymlaen i nodi:

> In the windswept corridors one might still come across Sir Ifor Williams, the great scholar of the Gododdin, and Sir John Edward Lloyd, the Welsh historian. Outside the French lecture room Mlle Cariou, the *assistante*, was convulsed in tears over some new grief from France. In the Students' Union . . . ration-book appetites were assuaged with macaroni cheese, for most a new and exotic dish.[46]

18. Syr Emrys Evans, Prifathro, 1927–1958

19. F. W. Rogers Brambell ar gwrs maes sŵoleg môr, Pasg 1933

20. Syr Ifor Williams, Athro'r Gymraeg a 'brenin ysgolheigion Celtaidd'

21. Wynn Wheldon, Cofrestrydd, 1920–1933

22. Myfyrwyr a sachau tywod ar deras y Prif Adeilad yn ystod yr Ail Ryfel Byd

23. Labordy ffiseg dros dro ym 1942 mewn hen siop feics

24. Darluniau gwerthfawr o'r Oriel Genedlaethol yn cael eu dadlwytho yn Neuadd Prichard-Jones ym 1939

25. Y Prif Adeilad yn niwedd y 1930au

26. Y 'Gerddorfa Hyfforddi Oedolion', dan arweiniad E. T. Davies, y Cyfarwyddwr Cerdd cyntaf

27. Y Prif Weinidog Clement Attlee yn derbyn gradd er anrhydedd ar lwyfan Neuadd Prichard-Jones ym 1949

28. Westbury Mount ym Mhorthaethwy, a brynwyd yn gartref i'r Orsaf Bioleg Môr yn y 1950au

29. I lawer o fyfyrwyr, Neuadd Prichard-Jones oedd y lle am 'hops' (ac arholiadau!)

30. Syr Willis Jackson, y peiriannydd trydanol adnabyddus, a'r Prifathro Charles Evans ar achlysur agor yr adeilad Peirianneg Electronig ym 1959

31. Cyngor Cynrychioli'r Myfyrwyr, 1956/7; y Llywydd oedd R. Gerallt Jones, yr awdur a'r bardd (ail o'r dde yn y rhes flaen)

32. Y Ffreutur wreiddiol, sydd nawr wedi'i rhannu'n ystafelloedd dysgu

4

'Roedd rhyw naws deuluol i'r lle i gyd'
Ailadeiladu, 1945–1957

Pan orffennodd y rhyfel o'r diwedd, canodd y clychau yn eglwys gadeiriol Bangor a dywedwyd bod adeiladau'r Coleg Prifysgol fel pe baent yn fôr o oleuni. Cynhaliwyd gwasanaeth diolchgarwch awyr agored ar dir y Coleg y diwrnod ar ôl diwrnod Buddugoliaeth yn Ewrop. Aethpwyd â thrysorau'r Oriel Genedlaethol yn ôl i'w cartref a dechreuwyd defnyddio Neuadd Prichard-Jones drachefn ar gyfer Dawns y Coleg a seremonïau graddio. Ar ôl gwella o'i salwch, ailafaelodd y Prifathro Emrys Evans yn ei ddyletswyddau yn haf 1946 mewn pryd i groesawu'r Brenin George VI a'r Frenhines Elizabeth ar ymweliad ar 18 Gorffennaf; buont yn bwrw golwg ar y Llyfrgell a Neuadd P-J. Fodd bynnag, roedd rhai o olion y rhyfel yn parhau. Bron yn syth ar ôl ffarwelio â myfyrwyr UCL, croesawodd y Coleg grŵp o filwyr Americanaidd – a oedd yn dal i ddisgwyl cael mynd adref. Ym 1945/6 cofrestrodd 75 o filwyr Americanaidd yng Ngholeg Prifysgol Gogledd Cymru; disgwylid 25 o filwyr o Ganada hefyd, ond ni ddaethant hwy am ryw reswm. Rhoddwyd lle am ddim hefyd i ffoadur Tsiecaidd, Margita Marianna Barabas.[1] Yn sydyn, gwelodd rhai adrannau eu hystafelloedd darlithio yn orlawn o filwyr Americanaidd.[2] Hyd yn oed yn fwy anarferol fyth, fe wnaethant syfrdanu pawb 'by interrupting lectures by asking questions'.[3]

Cafwyd dechrau newydd mewn llawer ystyr, fodd bynnag. Wedi bwlch o bum mlynedd, llanwyd swydd y Cofrestrydd – 'a first step in reconstruction', yn ôl y Cyngor.[4] Roedd yr angen i adnewyddu ac, mewn llawer ffordd, i ailadeiladu'r fframwaith academaidd yn galw am Gofrestrydd 'of exceptional experience'.[5] Yn Glyn Roberts, llwyddodd y Coleg Prifysgol i gael yr union un. Yn enedigol o Fangor, a chanddo radd mewn Hanes o'r Coleg (bu'n astudio o dan J. E. Lloyd ac A. H. Dodd), roedd ganddo brofiad academaidd a gweinyddol. Bu'n ddarlithydd hanes yn Abertawe nes dechreuodd y rhyfel, pryd yr ymunodd â'r gwasanaeth sifil gan ddringo i ddod yn ddirprwy bennaeth Cenhadaeth Defnyddiau Crai Prydain i'r Unol Daleithiau. Cafodd groeso twymgalon pan ddechreuodd yn ei swydd ym Mangor yn Hydref 1945, er mai am gyfnod cymharol fyr y bu ynddi.

Ni fu'r Coleg Prifysgol yn hir chwaith cyn cael Llywydd a Chadeirydd newydd i'r Cyngor. Roedd Ardalydd Môn wedi olynu'r Arglwydd Harlech yn Llywydd ym 1945 ond, ysywaeth, bu farw ymhen dwy flynedd. Am yr eildro, trodd y Coleg at y teulu Kenyon. Ym 1947, pan oedd yn 30 oed, penodwyd y pumed Barwn Kenyon o Gredington yn Llywydd. Gyda'i fo-tei a'i ymarweddiad aristocrataidd, ac yn saer rhydd blaenllaw â'i gartref yn Sir Amwythig, nid oedd yr Arglwydd Kenyon yn ymddangos yn ddewis amlwg i'r Coleg Prifysgol wrth iddo wynebu'r byd mawr newydd wedi'r rhyfel. Eto i gyd, roedd ei dad wedi gweithio'n ddiarbed dros y Coleg a chefnogwyd penodi'r Arglwydd Kenyon ifanc gan aelodau Cymraeg a di-Gymraeg ar Gyngor y Coleg. Gwasanaethodd ef y Brifysgol am dros 30 mlynedd.

Bu nifer o newidiadau ymysg y staff academaidd uwch. Daliodd yr Adran Gemeg i ddenu gwyddonwyr o safon eithriadol uchel. Roedd Simonsen wedi gadael ym 1943 ac fe'i holynwyd yn y Gadair gan E. D. Hughes, gŵr gradd 37 oed o Fangor a ddaeth yn gemegydd o gryn fri yn ddiweddarach. Mab fferm o Lanystumdwy oedd Ted Hughes, a datblygodd ddiddordeb brwd mewn rasio milgwn. Ef oedd y gwyddonydd cyntaf ym Mhrydain i gynhyrchu a defnyddio hydrogen trwm, ac yn ddiweddarach adeiladodd gyfarpar i wahanu isotopau ocsigen ar raddfa fawr. Yn ddi-os roedd gyrfa ddisglair o'i flaen a symudodd i UCL ym 1948. Yn ei le, llwyddodd Bangor i recriwtio Stanley Peat, cemegydd organig a oedd newydd dderbyn Cymrodoriaeth y Gymdeithas Frenhinol. Yn Birmingham, roedd Peat wedi gweithio yn y grŵp ymchwil a gasglwyd ynghyd gan Syr Norman Haworth, a enillodd Wobr Nobel. Roedd Thomas Cowling, a benodwyd i'r Gadair Mathemateg ym 1945, yn 'seryddwr drwy ddamwain', a defnyddio ei ddisgrifiad ei hun.[6] Nid ef oedd y mathemategydd cyntaf na'r unig un ym Mangor i ymddiddori mewn seryddiaeth. Roedd gwaith G. H. Bryan hefyd wedi gwneud cyfraniad cynnar i'r maes ac, yn ddiddorol, yn y 1920au cyflwynwyd telesgop plygu-golau chwe modfedd yn rhodd i'r Coleg gan chwiorydd y Parchedig A. E. Brisco Owen, a chafwyd arsyllfa dan oruchwyliaeth yr Adran Ffiseg. Fodd bynnag, roedd Cowling yn fathemategydd cymhwysol a wnaeth ymchwil arloesol ar adeiledd sêr, ac fe'i hetholwyd yn Gymrawd y Gymdeithas Frenhinol ym 1947, fel roedd yn symud i Brifysgol Leeds. Ym 1945 hefyd, penodwyd E.J. Roberts i Gadair Amaethyddiaeth. Roedd wedi graddio o Fangor a bu'n ddarlithydd mewn amaethyddiaeth yno cyn symud i weithio gydag ymgyrch cynhyrchu bwyd y llywodraeth yn ystod y rhyfel. Aeth ymlaen i arwain ymchwil ar broblemau mewn da byw yn ogystal â datblygiad pwysig Fferm y Coleg.

Ymddeolodd Syr Ifor Williams ym 1947 ac fe'i holynwyd i Gadair y Gymraeg gan ymgeisydd mewnol, Thomas Parry. Yn fab i chwarelwr o Garmel, ger Caernarfon, gwnaeth Parry gyfraniad tra phwysig i fywyd llenyddol ac academaidd Cymru gyda chyhoeddiadau megis *Hanes Llenyddiaeth Gymraeg hyd 1900* ym 1945. Symudodd Parry, yn ei dro, i arwain y Llyfrgell Genedlaethol ym 1953, ac fe'i holynwyd gan un arall o raddedigion Bangor ac ysgolhaig o gryn sylwedd, J. E. Caerwyn Williams. Roedd Caerwyn Williams yn un o bedwar o gynfyfyrwyr ac aelodau staff – i gyd yn Adran y Gymraeg – a ddaeth yn Gymrodyr yr Academi Brydeinig. Y lleill oedd Ifor Williams, Thomas Parry a Geraint Gruffydd. Datblygiad pwysig arall wedi'r rhyfel fu sefydlu swydd Cyfarwyddwr Efrydiau Allanol, gyda chymorth ariannol gan yr UGC. Cyn hyn, roedd academyddion (megis A. H. Dodd) wedi goruchwylio trefnu dosbarthiadau efrydiau allanol ar sail ranamser. Ym 1948 penodwyd Alun Llywelyn-Williams yn Gyfarwyddwr cyntaf Efrydiau Allanol ym Mangor, swydd y bu ynddi am dros 30 mlynedd. Mae'r cyfranwyr i'r byd llenyddol Cymreig o blith staff a ddysgai ddosbarthiadau efrydiau allanol yn haeddu sylw. Hyd yn oed cyn 1945 roedd R. Williams Parry, un o feirdd mwyaf Cymru'r ugeinfed ganrif, yn aelod staff. Bu Cynan hefyd yn diwtor dosbarthiadau efrydiau allanol am lawer blwyddyn. Yn ddiweddarach roedd Alun Llywelyn-Williams a Dyfnallt Morgan yn ffigurau amlwg.

Yn ôl y bwriad, llanwyd y Gadair Groeg ar ôl y rhyfel gan glasurwr o fri. Roedd R. E. Wycherley – 'a Shropshire lad', fel y disgrifiodd ei hun[7] – wedi cael dau Ddosbarth Cyntaf o Gaergrawnt ac wedi cael profiad darlithio gwerthfawr ym Manceinion. Daliodd y Gadair am 30 mlynedd a chafodd ei lyfr *How the Greeks Built Cities* (1949) ganmoliaeth ysgubol ar ddwy ochr yr Iwerydd. Mewn Athroniaeth olynwyd D. James Jones fel Athro gan Hywel D. Lewis, a oedd wedi gwneud gwaith eithriadol wreiddiol ym maes athroniaeth crefydd. Yna, yn Hydref 1948, gadawodd Glyn Roberts swydd y Cofrestrydd i gymryd Cadair newydd Hanes Cymru, ac fe'i holynwyd yn y swydd weinyddol gan Kenneth Lawrence.

Yn ystod y pum neu chwe blynedd ar ôl diwedd y rhyfel penodwyd nifer o uwch academyddion eraill a fyddai'n cymryd rhan flaenllaw ym mywyd y brifysgol ym Mangor am y chwarter canrif nesaf. Ymysg y rhai a benodwyd i'r swyddi uchaf yn eu disgyblaeth roedd M. L. Clarke (Lladin), Dudley Littlewood (Mathemateg) a Paul Richards (Botaneg) ym 1948, Keith Spalding (Almaeneg) ym 1950, Ian Alexander (Ffrangeg) a W. Charles Evans (Biocemeg) ym 1951 a Duncan Black (Economeg) ym 1952. Cafodd Black, a fu'n cydweithio â'r mathemategydd R. A. Newing, ei gydnabod yn hwyr yn ei oes, ond roedd yn ffigur o bwys. Fe wnaeth yr enillydd Gwobr Nobel, Ronald Coase, ei enwi, ynghyd ag Adam Smith, fel un o'r chwe economegydd mwyaf. Hefyd byddai nifer o academyddion iau, a benodwyd i'w swyddi cyntaf yn y blynyddoedd hyn wedi'r rhyfel, yn dod i amlygrwydd yn y 1960au a'r 1970au – yn cynnwys T. R. Miles, a benodwyd yn ddarlithydd mewn seicoleg gymdeithasol yn yr Adran Athroniaeth ym 1949, Gwyn Chambers mewn Mathemateg ym 1953/4, a Geraint Gruffydd (Cymraeg) a J. Gwynn Williams (Hanes Cymru) ym 1955.

Roedd gan y Pwyllgor Ailadeiladu a Datblygiadau restr siopa sylweddol o waith ailddatblygu, yn cynnwys penodiadau newydd, prynu eiddo penodol, adeiladau newydd ar gyfer Coedwigaeth a Botaneg, hostel newydd i'r merched ac estyniad i'r Adran Gemeg. Hefyd, o'r diwedd gwireddwyd y datblygiad yr oedd llawer yn y Coleg wedi crefu amdano, sef sefydlu gorsaf fioleg môr, ond nid heb un rhwystr olaf. Rhoddwyd caniatâd i fwrw ymlaen â'r cynllun ym 1948/9, a phenodwyd Cyfarwyddwr cyntaf Bioleg Môr, Fabius Gross, yn Hydref 1949. Fodd bynnag, fe'i trawyd yn wael yn fuan a bu farw ym Mehefin 1950. Flwyddyn yn ddiweddarach, penodwyd Cyfarwyddwr arall, Dennis Crisp, gŵr o Lundain a fagwyd gan ei daid a'i nain (gyrrwr craen oedd ei daid) ac a raddiodd mewn sŵoleg o Gaergrawnt. Daeth Crisp yn fuan yn un o wyddonwyr môr mwyaf dylanwadol yr ugeinfed ganrif. Cafodd amlygrwydd byd-eang yn dilyn cyhoeddi ei bapur ym 1955 am effaith llif dŵr ar gyfaneddiad larfâu cregyn llong, ac roedd pobl yn dyfynnu ohono hanner canrif yn ddiweddarach. Adeiladodd adran o bwysigrwydd rhyngwladol. Ym 1952, prynwyd Westbury Mount, ger y pier ym Mhorthaethwy a'i addasu gyda chymorth grant o'r UGC, ac fe'i hagorwyd fel Gorsaf Bioleg Môr ym 1954.

Ni wireddwyd yr holl ddyheadau wedi'r rhyfel, fodd bynnag. Am gyfnod byr bu cryn gefnogaeth i sefydlu ysgol meddygaeth ym Mangor, gyda sefydliadau yn y gymuned leol yn pwyso am hynny. Penodwyd 'ymwelwyr' gan Brifysgol Cymru i archwilio'r cynigion, ond fe wnaethant gynghori yn erbyn ffurfio adrannau cyn-glinigol ym Mangor. Ni fwriwyd ymlaen chwaith â hoff syniad arall a oedd wedi ei wyntyllu ers tro, sef sefydlu adran ddaeareg. Ym 1946, credai Emrys Evans ei fod yn ddymunol ond 'not practicable'.[8]

Yr un amser, roedd penaethiaid adrannau'r Gwyddorau'n gofidio ynglŷn â'u hadeiladau a'u cyfleusterau annigonol. Ym 1955 gresynai Raymond Andrew, Athro Ffiseg, y 'medieval conditions' yr oeddent yn gorfod ymdopi â hwy yn eu gwaith,[9] er ei fod yn llawenhau eu bod fel Adran wedi cael teipiadur newydd o'r diwedd yn lle'r hen un oedd yn 30 oed. Eto i gyd, roedd cyfraniad Coleg Prifysgol Gogledd Cymru ym maes ymchwil wyddonol yn cryfhau'n gyson. Roedd Brambell ddylanwadol yn arwain Adran Sŵoleg dra bywiog, gydag oddeutu 20 cyhoeddiad y flwyddyn yn cael eu cynhyrchu bryd hynny. Roedd Crisp a'i gydweithwyr Bioleg Môr yr un mor gynhyrchiol. Mewn Coedwigaeth, roedd Eric Mobbs yn datblygu ymchwil a dysgu mewn coedwigaeth drefedigaethol, tra oedd Stanley Peat mewn Cemeg yn prysur ennill ei blwyf fel un o brif awdurdodau'r byd ar bwnc starts.

Ar y llaw arall, ddechrau'r 1950au roedd dyfodol Peirianneg Drydanol yn ymddangos yn llai sicr – dros dro o leiaf. Roedd yn ymddangos bod yr UGC o'r farn nad oedd adran peirianneg drydanol yn ymarferol heb gael peirianneg sifil neu fecanyddol, ac y dylai'r Adran Ffiseg gynnig gradd electroneg yn unig yn ei lle. Cyrhaeddwyd croesffordd ym 1954, pan adawodd W. E. Williams, a fu'n was ffyddlon i Fangor ac Athro Peirianneg Drydanol. Prin oedd y myfyrwyr ac aeth yr adran yn ôl i ddefnyddio ei hen deitl, Trydan Cymhwysol. Llwyddwyd i adfer y sefyllfa yn y diwedd, fodd bynnag. Ymddengys i Emrys Evans lwyddo i lusgo ei draed ynglŷn ag awgrymiadau'r UGC ac, ym 1956, bu'r Coleg yn ffodus i fedru penodi Malcolm Gavin, a oedd yn arweinydd medrus, i'r Gadair. Yn fuan iawn, rhoddwyd cynlluniau ar y gweill i gael adeilad newydd ar gyfer Peirianneg Electronig yn Stryd y Deon.

Ychwanegwyd rhuddin deallusol at y rhaglen academaidd yn y 1940au a'r 1950au gan nifer o ysgolheigion a ffigurau cyhoeddus blaenllaw a ddaeth i Fangor i draddodi darlithoedd gwadd. Cyflawnodd y Coleg ei orchest fwyaf cofiadwy ym 1944 pan draddododd T. S. Eliot – a oedd bryd hynny'n cyrraedd penllanw ei fri fel bardd, dramodydd a beirniad – ddwy ddarlith yn Neuadd Powis am Samuel Johnson. Denodd yr achlysur gynulleidfa niferus, yn cynnwys ficer Manafon a chyn fyfyriwr o Fangor, R. S. Thomas.[10] Ym 1952 bu John Betjeman yn darlithio ym Mangor ar bensaernïaeth Fictoraidd; ym 1954 cafwyd darlith gan Cecil Day-Lewis, cydweithiwr Auden a Spender, a Bardd y Brenin yn ddiweddarach; a'r flwyddyn ganlynol croesawyd Louis MacNeice, y bardd a aned yn Belfast. Ymwelodd Syr John Cockcroft, a enillodd Wobr Nobel ym 1951 am hollti niwclews atom, â'r Adran Ffiseg gan ddarlithio yno ym 1958/9. Y flwyddyn wedyn, darlithiodd Syr Isaiah Berlin ym Mangor. Yn ddiddadl roedd ymweliadau o'r fath yn tystio i safle academaidd cynyddol gadarn y Coleg Prifysgol.

Prin ryfeddol oedd unrhyw dystiolaeth o ffyniant materol yn y 1950au, ond at ei gilydd roedd y myfyrwyr yn llawen ac egnïol. Daeth bri drachefn ar weithgareddau Rag a bu rhyw fath o ddadeni gweithgarwch gwleidyddol ymysg y myfyrwyr. Ym 1950, roedd J. Gwynn Williams, Llywydd y Gymdeithas Ddadlau, yn un o ddau a fu ar daith ddadlau yn yr Unol Daleithiau. 'The English Debating Society was . . . a great training ground for some of us,' atgofiodd Ann Clwyd, a ddaeth i'r Coleg Prifysgol ym 1956 ac a etholwyd yn aelod seneddol yn ddiweddarach. Cofia siarad o blaid cynnig 'Women should wear sacks'.[11] Roedd y Gymdeithas Ddrama Saesneg yn denu niferoedd mawr gan lwyfannu cynyrchiadau'n amrywio o *Lady Windermere's Fan* gan Oscar Wilde i *The Birds* o waith Aristophanes. Roedd Cymdeithas y Cymric ymhlith y myfyrwyr Cymraeg hefyd yn frwdfrydig weithgar a chyhoeddid papur dwyieithog y myfyrwyr, *Forecast/Y Dyfodol* (a ddaeth yn ddau bapur ar wahân yn ddiweddarach) yn rheolaidd. Cafwyd perfformiadau uchelgeisiol gan y Gymdeithas Ddrama Gymraeg, yn cynnwys cynhyrchiad cofiadwy o *Lladd wrth yr Allor (Murder in the Cathedral)*, gan T. S. Eliot, gyda Wilbert Lloyd Roberts – cyfarwyddwr Cwmni Theatr Cymru yn ddiweddarach – yn chwarae rhan Thomas Becket. Roedd chwaraeon yn llenwi prynhawniau Mercher i lawer, ac uchafbwyntiau'r flwyddyn yn ddi-os oedd y gemau pêl-droed caled a thra cystadleuol rhwng timau'r Coleg Prifysgol a'r Coleg Normal. Fodd bynnag, yn aml cynhelid darlithoedd ar fore Sadwrn tan 11.00 bryd hynny ac ar eu hôl ceid sesiwn ganu wythnosol ymysg y myfyrwyr. I lawer o fyfyrwyr, dylanwadodd y blynyddoedd ym Mangor yn fawr ar eu bywydau mewn nifer o ffyrdd. Teimlai Geraint Stanley Jones, a hanai o dde Cymru ac a aeth ymlaen i gael gyrfa lwyddiannus mewn darlledu, y byddai wedi colli gafael ar yr iaith Gymraeg pe na bai wedi dewis dod i Fangor i astudio.[12] Cyfarfu llawer â'u darpar wŷr neu wragedd ym Mangor, a gwnaeth llawer gyfeillion oes o wahanol rannau o'r byd. Yn ôl un o gylchgronau'r myfyrwyr ym 1949 roedd 'Ysbryd Coleg' yn llawer cryfach nag yn y rhan fwyaf o Brifysgolion,[13] ac fel y nododd un myfyriwr a gofrestrodd ym 1951 yn ddiweddarach: 'the whole place had a sort of family feeling.'[14]

Erbyn y 1950au roedd sŵn ym mrig y morwydd ynglŷn â defnyddio'r iaith Gymraeg mewn addysg uwch. Yn fuan yn y degawd roedd pwyllgor o Lys Prifysgol Cymru wedi dechrau trafod y Gymraeg fel cyfrwng hyfforddi mewn amrywiaeth o bynciau. Ym Mangor, cadeiriodd y Prifathro Emrys Evans bwyllgor ar y mater ym 1953. Roedd y Pwyllgor o blaid ymestyn defnyddio'r Gymraeg, er nad yw'n syndod efallai i gynrychiolwyr y gwyddorau ar y pwyllgor ragweld anawsterau. Yn sicr, ysgogodd Emrys Evans ei gydweithwyr i edrych o ddifrif ar ddatblygiadau cyfrwng Cymraeg. 'The Principal thought it would be a tragedy if nothing could be done,' nodwyd yn adroddiad y pwyllgor.[15] Dair blynedd yn ddiweddarach roedd Prifysgol Cymru'n annog colegau i benodi 'suitably qualified bilingual teachers',[16] ac ym 1957 neilltuodd £6,000 i benodi staff cyfrwng Cymraeg ychwanegol. Y penodiadau cyfrwng Cymraeg penodol cyntaf ym Mangor oedd mewn Hanes ac Astudiaethau Beiblaidd. Roedd yn gam bychan ond pwysig, 'an innovation in College History' ym marn J. E. Caerwyn Williams 'and a change in the status accorded to the Welsh language'.[17]

Roedd niferoedd myfyrwyr wedi codi'n gyflym yn y cyfnod yn syth wedi'r rhyfel, o 380 ym 1944/5 i 918 dair blynedd yn ddiweddarach. Fe wnaethant barhau'n uchel drwy gydol y 1950au, gan groesi 1,000 am y tro cyntaf ym 1957/8. Weithiau roedd y sefyllfa'n flinderus i staff a oedd dan gryn bwysau: nid oedd gan rai gwyddonwyr ddigon o amser ar gyfer ymchwil ('the long vacations are not long enough' cwynodd Stanley Peat yn yr Adran Gemeg).[18] I eraill, er y cafwyd datblygiadau o ran adeiladau ar gyfer Botaneg, Coedwigaeth a Swoleg, roedd yr adeiladau a'r cyfleusterau'n brin o'r gofynion ar brydiau. Erbyn 1955/6 roedd yn ymddangos bod hyd yn oed yr Orsaf Bioleg Môr wedi tyfu allan o'i chartref yn Westbury Mount, ac nid oedd y cyson fanwl Dennis Crisp yn brin o dynnu sylw at hynny.[19] Eto i gyd, roedd yn amlwg erbyn canol y 1950au bod ehangu pellach ar y gorwel. Ym 1956/7, trafododd Cyngor y Coleg oblygiadau 'the large increase in student numbers expected in the next ten years'.[20] Roedd effaith Deddf Addysg 1944 i'w theimlo ym Mangor a mannau eraill ac, er mawr ryddhad i arweinwyr prifysgol, roedd yn ymddangos bod yr UGC yn wynebu'r her. Ym 1957/8, cytunodd yr UGC i wneud darpariaethau ariannol ar gyfer adeiladau newydd ym Mangor yn ystod y cyfnod 1960–3: roedd y rhain i gynnwys llety preswyl, ffreutur, tŷ anifeiliaid ac estyniadau i'r adeiladau Ffiseg, Cemeg a'r llyfrgell.[21]

Wrth i egin cyntaf y twf sylweddol ymddangos, roedd Prifathrawiaeth Emrys Evans yn tynnu at y terfyn. Bu'n Brifathro o'r iawn ryw. Roedd ei farn, ei allu gweinyddol a'i sgiliau fel arweinydd yn eithriadol uchel a bu ei urddo'n farchog ym 1952 yn destun cryn foddhad. Bryd hynny comisiynodd y Cyngor bortread ohono i'w baentio gan Henry Lamb i goffáu ei flynyddoedd yn y swydd. Ychydig, os unrhyw un, a adwaenai'r Prifathro urddasol ar lefel bersonol. Yn ôl G. B. Owen, y Dirprwy Gofrestrydd ar y pryd, 'cadwai iddo'i hun', heb wneud cyfeillion na ffefrynnau. Roedd, mewn gwirionedd, yn ddyn unig ond yn un a berchid i'r eithaf gan bawb.²² O dan amgylchiadau arferol, byddai'r Prifathro wedi ymddeol ym 1956, ond y flwyddyn cynt roedd y Cyngor yn unfrydol wedi'i wahodd i aros yn y swydd tan fis Awst 1958. Erbyn hynny, roedd wedi arwain y Coleg Prifysgol am 31 mlynedd ac roedd yn 67 oed. Bu'n gyfnod blinderus a dim ond yn ystod ei ychydig flynyddoedd olaf yr ymddangosai fod cynnydd sylweddol yn bosibl. Yn wir, efallai nad oedd yr ysbryd o ehangu a oedd ar fin goresgyn y Coleg Prifysgol at ddant Emrys Evans. Roedd yn ddyn delfrydol ar gyfer y swyddogaeth a roddwyd iddo a'i gyfraniad mawr oedd sicrhau, er gwaetha'r cyfyngiadau, bod bri ar enw da academaidd y Coleg yn niwedd y 1950au. Fel Reichel o'i flaen, rhoddwyd iddo'r teitl 'Rector Emeritus' a gwasanaethodd fel Is-Lywydd am gyfnod o 1961.

Felly, am y trydydd tro'n unig mewn dros 70 mlynedd, sefydlwyd pwyllgor i benodi Prifathro. Yr Arglwydd Kenyon oedd y Cadeirydd ac roedd y Prifathro a oedd yn ymddeol hefyd yn aelod – sy'n ymddangos yn anarferol erbyn hyn, er y bu Syr Harry Reichel yntau ar y pwyllgor a benododd ei olynydd ym 1926. Roedd Syr Wynn Wheldon, y cyn Gofrestrydd ac aelod o'r Cyngor, yn aelod dylanwadol o'r pwyllgor penodi, felly hefyd y Fonesig Artemus Jones. Cynrychiolid y Senedd gan Rogers Brambell, erbyn hynny'n un o hynafgwyr academaidd y Coleg, a'r aelod allanol oedd y Prifathro Anthony Steel o Gaerdydd.

Nid oedd prinder ymgeiswyr o safon. Yn eu plith roedd Idris Foster (Athro Celteg yn Rhydychen), Glyn Roberts (y cyn Gofrestrydd ac Athro Hanes Cymru erbyn hynny) a D. W. T. Jenkins (Athro Addysg). I lawer, y ffefryn oedd Thomas Parry (cyn Athro'r Gymraeg ym Mangor a'r Llyfrgellydd Cenedlaethol ar y pryd). Gwahoddwyd pum ymgeisydd i gyd i gyfarfod â'r pwyllgor penodi yn Llundain. Roedd y pwyllgor yn sicr yn hynod ymwybodol o'r angen i ddewis yn ofalus. Yng ngwanwyn 1957, wrth iddo ddechrau ar ei waith, bu'n rhaid i Brifathro Aberystwyth, Goronwy Rees, ymddiswyddo o dan amgylchiadau cyhoeddus a dadleuol iawn. Roedd y pwyllgor yn gyfarwydd iawn â phedwar o'r ymgeiswyr. Fodd bynnag, fel y digwyddodd pethau, y pumed ymgeisydd, dyn heb unrhyw brofiad academaidd proffesiynol, a argymhellwyd i'w benodi gan y pwyllgor.

Ganed Robert Charles Evans i rieni Cymraeg yn Lerpwl ym 1918, ychydig fisoedd ar ôl i'w dad gael ei ladd yn y Rhyfel Byd Cyntaf. Cafodd ei fagu gan ei fam yn Nyffryn Clwyd, gan siarad dim ond Cymraeg nes oedd yn chwech oed. Ond yna enillodd ysgoloriaeth i Ysgol Amwythig, gan fynd ymlaen oddi yno i Goleg y Brifysgol, Rhydychen ym 1939 i astudio meddygaeth. Ar ôl iddo gymhwyso ym 1943 fe'i galwyd i Gorfflu Meddygol y Fyddin. Cafodd ei anfon i'r India a Burma (lle dysgodd Hindi) a'i enwi mewn adroddiadau o faes y gad. Pan gafodd ei ryddhau o'r fyddin ym 1946 aeth i Lerpwl i hyfforddi fel niwro-lawfeddyg. Dair blynedd yn ddiweddarach fe'i penodwyd yn gofrestrydd llawfeddygol yn y Northern Hospital, Lerpwl – yr un flwyddyn ag y daeth yn Gymrawd Coleg Brenhinol y Llawfeddygon. Roedd gwreiddiau Anghydffurfiol Cymreig Charles Evans yn ymddangos yn gryf. Un o'i gyndadau oedd Thomas Charles, un o arweinwyr Methodistiaeth Gymraeg y bedwaredd ganrif ar bymtheg, a hefyd Thomas Charles Edwards, y Prifathro cyntaf yn Aberystwyth. Eto, roedd cymwysterau Evans ei hun am y brif swydd academaidd yng Ngholeg Prifysgol Gogledd Cymru yn bur anghonfensiynol.

Y ffaith bwysicaf am Charles Evans oedd ei fod yn ffigur arwrol yn y 1950au, yn anturiaethwr mewn cyfnod ysblennydd o fuddugoliaethus yn hanes mynydda. Roedd wedi sicrhau lle iddo'i hun mewn hanes yn 35 oed fel dirprwy arweinydd y tîm enwog a goncrodd Everest ym 1953. Roedd yn ddringwr profiadol ac uchel ei barch pan gafodd ei ddewis fel dirprwy i'r Cyrnol John Hunt. Roedd wedi syrthio mewn cariad â mynyddoedd gogledd Cymru yn ystod ei ddyddiau ysgol, wedi ymuno â'r Clwb Mynydda yn Rhydychen ac wedi profi ei dymor cyntaf yn yr Alpau ym 1939. Roedd yn 'delightful trekking companion' yn ôl Jan Morris, gohebydd *The Times* ar yr ymgyrch enwog i Everest. 'He loved the Himalayas and felt liberated there,' atgofiodd yn ddiweddarach.[23] Mewn gwirionedd, gallai enwogrwydd Evans fod wedi bod yn fwy hyd yn oed. Ar 26 Mai 1953, ar ôl cyrraedd y Bwlch Deheuol, dewiswyd ef ac aelod arall o'r tîm, Tom Bourdillon, i wneud yr ymosodiad cyntaf ar y prif gopa. Ni wnaethant lwyddo: parodd diffyg gyda'r cyfarpar ocsigen i Evans wneud y penderfyniad tyngedfennol i droi'n ôl. Dridiau'n ddiweddarach, rhoddodd Edmund Hillary a Tensing Norgay ail gynnig arni gan lwyddo'r tro hwnnw i gyrraedd copa mynydd uchaf y byd. Roedd Evans a Bourdillon wedi dod o fewn 300 troedfedd o ddod yn fynyddwyr enwoca'r byd. Torrwyd y newyddion am y goncwest i fyd cyffrous ar fore coroni'r Frenhines a dychwelodd y tîm i Lundain lle cawsant eu croesawu fel arwyr – pob un, hynny yw, ac eithrio Charles Evans, a lithrodd i ffwrdd yn dawel a nodweddiadol ohono i Nepal. 'There will be a lot of feting,' cyfaddefodd yn breifat wrth gyfaill iddo. 'I wouldn't mind a party myself but I'd rather be in the mountains.'[24]

Y flwyddyn ganlynol, arweiniodd Evans y daith a lwyddodd i ddringo i gopa Kangchenjunga, trydydd mynydd ucha'r byd ac a oedd efallai, o ran crefft mynydda, yn fwy o gamp nag Everest hyd yn oed. Ym 1956 cyhoeddodd Evans ddisgrifiad caboledig o'i ymgyrch – *Kangchenjunga: The Untrodden Path* (roedd hefyd yn arlunydd dawnus a thynnodd nifer o ddarluniau ar gyfer y llyfr) – ac erbyn hynny hefyd roedd yn ddarlithydd adnabyddus ar destunau o'r fath. Ynghyd ag Edmund Hillary, Jan Morris ac eraill o griw Everest, aeth ar daith ddarlithio i'r Unol Daleithiau ym 1955 lle cawsant eu croesawu i'r Tŷ Gwyn gan yr Arlywydd Eisenhower. Ym 1957, cyrhaeddodd Evans a Dennis Davies gopa Annapurna 4 ac, fel y bu pethau, hon oedd ei ymgyrch fynydda olaf.

Erbyn hyn roedd ei weithgaredd mynydda sylweddol yn cael effaith ar ei ymrwymiadau meddygol a chanol y 1950au rhoddodd y gorau i weithredu fel niwro-lawfeddyg gan ddychwelyd i lawfeddygaeth gyffredinol. Mae'n dal yn ancglur pam y cefnodd yn gyfan gwbl ar feddygaeth i ddod yn Brifathro'r Coleg Prifysgol ym Mangor. Nid eglurwyd yn llawn chwaith resymeg y pwyllgor penodi yn dewis Charles Evans. Mae'n debygol iddynt ystyried y gallai'r arwr Cymreig mentrus hwn apelio at y nifer cynyddol o bobl ifanc a oedd yn chwilio am addysg brifysgol erbyn hynny ac at y rhai a oedd yn cael eu denu gan fynyddoedd Eryri. Beth bynnag, ar 7 Awst 1957, penodwyd Charles Evans yn unfrydol gan y Cyngor i weithredu fel Prifathro o 1 Medi 1958.

Nid oedd gan Charles Evans fawr i'w ddweud wrth baraffernalia bri ac enwogrwydd. Yn union cyn yr ymgyrch i Everest, datgelodd yn breifat ei farn bwyllog ynglŷn â llwyddiant unigol: 'I don't think it is so important,' ysgrifennodd at gyfaill, '– though it would not do to broadcast that opinion. It would be possible, wouldn't it, for a man to stand on top and yet to have failed.'[25] Dywedodd Norman

Hardie, un o'i gyd-ddringwyr ym 1954, 'we all felt humbled by this man's quiet authority.'[26] Ac roedd cyfaill meddygol agos iddo o Lerpwl yn ei ystyried fel 'a born leader of men . . . quiet and introspective'.[27] Roedd Cyngor Coleg Prifysgol Gogledd Cymru wedi penodi'n Brifathro ddyn preifat a meddylgar, un heb unrhyw brofiad o fywyd academaidd na gweinyddu prifysgol, ond a oedd wedi dangos cryfderau arweinyddiaeth, dewrder a phenderfyniad. Roedd y rhain yn nodweddion a oedd i gael eu profi i'r eithaf yn ystod y chwarter canrif nesaf.

5

'Mae gan brifysgolion ddyletswydd i geisio cael lle i bawb sydd eisiau mynd iddynt'
Her Ehangu, 1958–1976

Mae'n anodd pennu pryd yn union y daeth y symptomau'n amlwg iawn, ond daeth dyddiau cynharaf prifathrawiaeth Charles Evans â gofid personol dybryd iddo, a fyddai'n effeithio ar ei gyfnod yn y swydd ac, yn wir, ar ei fywyd drwyddo draw. At ddiwedd y 1950au, pan oedd tua 40 oed, canfuwyd ei fod yn dioddef o'r parlys ymledol. Deellir i'w wraig, Denise Morin – a oedd yn ddringwr medrus ei hun – ddod yn ymwybodol o'r cyflwr tra oeddent ar eu mis mêl.[1] Lawer blwyddyn yn ddiweddarach dywedodd Evans wrth yr awdur Jim Perrin fod codwm a gafodd ar y Tryfan ym 1942 pan dorrodd asgwrn ei ben, wrth gynorthwyo dringwr a oedd wedi'i anafu, wedi cyfrannu at y cyflwr.[2] Dywedodd cyfaill agos i Charles Evans o'i ddyddiau meddygol, Anne McCandless, ei fod hefyd yn beio'r diffyg ocsigen a ddioddefodd yn ystod ei ddringfa olaf ar Everest. Fodd bynnag, yn ei hatgofion personol anghyhoeddedig dywedodd ei bod hefyd wedi sylwi ym 1948 'that his hands were tremulous'.[3] Yr un modd, roedd Glyn Roberts, Athro Hanes Cymru ym Mangor, yn poeni am iechyd y Prifathro dros ddeng mlynedd yn ddiweddarach, heb wybod y wir sefyllfa: ysywaeth, bu Glyn Roberts ei hun farw'n llawer rhy gynnar ym 1962. Beth bynnag a'i hachosodd, i ddyn heini a garai'r mynyddoedd, ac anturiaethwr a oedd wedi dringo copaon ucha'r byd, roedd yn ergyd eithriadol greulon. Rhoddodd derfyn ar ei weithgareddau mynydda a sgïo, er iddo ddal i fedru hwylio am ychydig flynyddoedd gyda chymorth ei wraig. Gwasanaethodd Charles Evans fel Prifathro Bangor am 26 mlynedd ond, o fewn ychydig flynyddoedd ar ôl dechrau yn y swydd, roedd yn aml yn gorfod defnyddio cadair olwyn.

Bu'r twf a welwyd ddiwedd y 1950au a dechrau'r 1960au yn fodd i ysbarduno cymuned academaidd Bangor a chynhyrchodd gryn gynnwrf. Erbyn cyhoeddi Adroddiad Robbins ar addysg uwch ym 1963 roedd ehangu mawr ar droed ym Mangor. Cynyddodd nifer y myfyrwyr dros 40 y cant rhwng 1955 a 1959, ac ym 1957/8 – blwyddyn olaf Emrys Evans fel Prifathro – aethpwyd dros y fil am y tro cyntaf. Roedd disgwyliad hyderus y byddai 2,500 o fyfyrwyr erbyn 1970 (a gwireddwyd hynny). Roedd cri gyson ar y pryd am fwy o adeiladau a darpariaeth well, gydag adrannau'r gwyddorau yn arbennig yn teimlo eu bod dan anfantais. Erbyn 1958/9 cafwyd ar ddeall fod yr UGC yn cymeradwyo cynlluniau twf Bangor. Câi cyllid ei ddarparu ar gyfer rhaglen ddatblygu £4 miliwn o 1960 tan 1963, ar yr amod y byddai'r Coleg yn cyfrannu 5 y cant o'r gost. Mewn cyfarfod arbennig o'r Llys yng Ngorffennaf 1959, lansiwyd apêl am £250,000 ar y cyd gan y Llywydd a'r Prifathro, gydag Alun Llywelyn-Williams, y Cyfarwyddwr Efrydiau Allanol, yn drefnydd iddi. Cynyddwyd grant graidd yr UGC i'r Coleg hefyd ac arweiniodd hynny at ddatblygiadau academaidd sylweddol – yn arbennig swyddi newydd.[4]

Yn cyd-fynd fwy neu lai ag ymadawiad Emrys Evans, gwelwyd rhai newidiadau allweddol eraill ymysg y staff: ymddeolodd A. H. Dodd ym 1958, felly hefyd R. Alun Roberts ym 1960 ac E. J. Roberts ym 1961. O 1962, fodd bynnag, cafwyd cnwd o benodiadau newydd a newidiadau fframweithiol. Ym 1962/3, cafwyd 38 o benodiadau academaidd newydd. Yn dynn wrth eu sodlau, penodwyd 35 o academyddion newydd ym 1963/4, 33 ym 1964/5 a 47 ym 1965/6. Roedd hwn yn gynnydd ar raddfa a chyflymder nas gwelwyd o'r blaen ym Mangor. Ym 1962, myfyriwr o Fangor oedd y cyntaf yng Nghymru i raddio mewn Seicoleg, a'r flwyddyn ddilynol ffurfiwyd Adran Seicoleg dan arweiniad T. R. Miles, a fu cyn hynny'n ddarlithydd yn yr Adran Athroniaeth. Yr un flwyddyn sefydlwyd adran Eigioneg

Ffisegol dan Jack Darbyshire, arwydd o ddatblygiad pellach gwyddor môr yn y coleg. Agorwyd labordai môr newydd ym 1961/2, ond roedd angen mwy o adnoddau: cafodd y llong ymchwil *Nautilus*, a brynwyd ym 1948, ei chondemnio yn anaddas i'r môr (cyrhaeddodd y *Prince Madog* yn y diwedd ym 1968), tra parhaodd Dennis Crisp â'i ymgyrch ddi-ildio am ragor o le.

Yn Hydref 1966 daeth yr Adran Theori Cymdeithasol a Sefydliadau i fodolaeth dan arweiniad Huw Morris-Jones, a ddisgrifiwyd fel 'a popular and versatile teacher' ac a fu'n aelod staff yn Athroniaeth er 1942.[5] Fel Seicoleg, sefydlwyd yr adran hon ar seiliau a osodwyd yn yr Adran Athroniaeth. Yn gynnar yn y 1960au sefydlwyd Cadair mewn Ieithyddiaeth, gydag F. R. Palmer yn ddeiliad cyntaf arni, a thua'r un adeg dechreuwyd astudio Rwsieg – er ar raddfa ddigon bychan i ddechrau dan oruchwyliaeth yr Adran Almaeneg. Gwnaed gwaith arloesol mewn datblygu drama fel pwnc astudio gan Emyr Humphreys, nofelydd ac awdur storïau byrion a oedd wedi bod yn gynhyrchydd drama gyda'r BBC cyn ymuno â'r Coleg Prifysgol. Erbyn diwedd y 1960au roedd drama wedi dod yn is-adran o Adran y Saesneg.

Roedd adeiladau newydd yn ymddangos gyda phob lleuad bron. Codwyd neuaddau preswyl newydd: Plas Gwyn (ym 1963/4), Neuadd Rathbone (1964/5) a Neuadd Emrys Evans (1966). Agorodd 'y Tŵr Cemeg', fel y'i gelwid yn aml, ym 1965/6, gan alluogi'r Adran i adael 'the venerable Orton building'.[6] Roedd Syr Willis Jackson wedi agor adeilad newydd Peirianneg Electronig yn Stryd y Deon ym 1959 (wedi dymchwel yr hen felin) a chodwyd adeilad newydd arall yno ym 1967, er gwaetha'r ffaith i graen mawr syrthio yn erbyn yr adeilad cyntaf ym 1965 yn ystod y gwaith adeiladu. Agorwyd estyniad i'r Llyfrgell ym 1963 ac, ym Mehefin 1964, danfonwyd i'r Coleg 'electronic digital computing machine' (o fath 'Elliott 803') ac agorwyd labordy cyfrifiadureg.[7] Ar ddiwedd y degawd, cafodd adeilad newydd i gartrefu Undeb y Myfyrwyr ei adeiladu ar Ffordd Deiniol (ym 1968), ynghyd ag 'Adeilad Newydd y Celfyddydau' (1969). Cwblhaodd hwn y prif gwadrangl yr oedd Hare wedi ei ragweld yn wreiddiol, ond efallai heb yr urddas a'r traddodiad a oedd mor bwysig yn ei olwg ef. Roedd y rhain yn ddyddiau cynhyrfus ar lawer ystyr ac ar y cyfan nid oedd cyllid yn achosi pryder mawr. Ym 1968/9, urddwyd Charles Evans yn farchog a'i ethol yn Llywydd y Clwb Alpaidd.

Ffynnodd ymchwil wyddonol yn y cyfnod wedi'r rhyfel. Mae nifer sylweddol y cyhoeddiadau a gofnodwyd yn yr *Adroddiadau Blynyddol* o ganol y 1950au yn tystio i faint ac ansawdd cynyddol y gwaith gwyddonol a wneid ym Mangor. Gwnaed gwaith arloesol ar gyseinedd magnetig gan Raymond Andrew, a ddaeth yn Athro Ffiseg ym 1954. Yn ystod ei gyfnod deng mlynedd ym Mangor y gwnaeth ddarganfyddiad hynod bwysig y 'magic-angle-spinning NMR technique' a ddefnyddir yn awr mewn prifysgolion ledled y byd.[8] Bu ymchwil hefyd ym maes delweddau NMR (cyseiniant magnetig niwclear), sydd wedi dylanwadu ar waith ysbytai heddiw. Dylanwadodd Andrew ar nifer o wyddonwyr ym Mangor, yn cynnwys y cemegydd ifanc John Meurig Thomas (Syr John yn ddiweddarach, Meistr Coleg Peterhouse, Caergrawnt) a ymddiddorai yn nodweddion solidau. Cafodd Thomas fudd mawr o gysylltiadau ag ymchwilwyr ifanc mewn Ffiseg ym Mangor, megis Gareth Roberts (Meistr Coleg Wolfson, Rhydychen yn ddiweddarach) a Robin Williams (a ddaeth, maes o law, yn Is-Ganghellor Prifysgol Abertawe), yn ogystal â chyda Robert Cahn, Athro Gwyddor Defnyddiau (y Gadair gyntaf o'i bath yn unman ym Mhrydain) yn yr Adran Peirianneg Electronig. Dechreuodd Robin Williams gydweithio â John Meurig Thomas a'i fyfyriwr Ph.D. addawol, J. O. Williams (Prifathro NEWI yn ddiweddarach). Roedd John Meurig Thomas, mewn gwirionedd, yn seren ar gynnydd mewn gwyddoniaeth: enillodd Wobr Corday Morgan y Gymdeithas Gemeg ym 1967, ac ef oedd y cyntaf i dderbyn Gwobr Pettinos yr American Carbon Society ym 1969, y flwyddyn y symudodd i Gadair yn Aberystwyth.

Yn y gwyddorau biolegol roedd John Harper – botanegwr amaethyddol a addysgwyd yn Rhydychen a dyneiddiwr nodedig – wedi olynu R. Alun Roberts i Gadair Botaneg Amaethyddol ym 1960, pan oedd yn dod i fri'n rhyngwladol ym maes bioleg poblogaeth planhigion, pwnc a ddyfeisiwyd ganddo i bob pwrpas. Fe'i hetholwyd yn Gymrawd y Gymdeithas Frenhinol ym 1978, a derbyniodd CBE pan ymddeolodd o Fangor ddechrau'r 1980au. Canolbwyntiodd Harper yn ddiwyro ar ymchwil yn ei adran – lle roedd gwyddonwyr nodedig eraill megis Peter Greig-Smith hefyd wedi gwneud cryn enw iddynt eu hunain – ac ym 1966 daeth yn bennaeth Ysgol newydd Bioleg Planhigion (a ffurfiwyd trwy gyfuno Botaneg a Botaneg Amaethyddol). Credai bod yr ad-drefnu hwn wedi rhoi Bangor, 'a step ahead of universities such as Nottingham, Reading and Oxford'.⁹ Gwyddonydd arall o Fangor o statws wironeddol ryngwladol oedd Paul Richards, Athro Botaneg er 1949. Yn ddyn eiddil, ysgolheigaidd, teithiodd yn eang gan gymryd rhan mewn sawl taith i Affrica, ac roedd yn un o'r prif awdurdodau ar goedwigoedd glaw. (Roedd ei lyfr *The Tropical Rain Forest*, a gyhoeddwyd ym 1952, yn destun clasurol ar y pwnc.) Yn ddiweddarach bu'n aelod o'r pwyllgor a sefydlwyd gan y Sefydliad Gwyddonol Cenedlaethol i ymchwilio i defnyddio chwynladdwyr yn rhyfel Fiet-nam. Fodd bynnag, yn y 1960au Rogers Brambell yn Sŵoleg oedd gwyddonydd mwyaf dylanwadol Bangor o hyd. Enillodd Fedal Frenhinol y Gymdeithas Frenhinol, a gyflwynwyd iddo gan y Frenhines ym 1964, ac ymddeolodd ym 1969 wedi cyfnod rhyfeddol o bron 40 mlynedd yng Nghadair Sŵoleg Lloyd Roberts.

Dros y dŵr ym Mhorthaethwy, roedd Dennis Crisp yn arwain bioleg môr o nerth i nerth. Cofnodwyd 46 o gyhoeddiadau gan ei staff ym 1965/6 – llawer mwy nag yn unrhyw adran arall. Roedd bri personol Crisp hefyd yn codi i'r entrychion. Roedd Juan Carlos Castilla o Chile, a ddaeth ei hun yn Athro byd-enwog mewn ecoleg môr, yn un o lawer a deithiodd ar draws y byd i wneud astudiaethau ôl-radd ym Mangor yn y 1960au dim ond oherwydd enw da Dennis Crisp. Barnodd Castilla'n ddiweddarach fod Crisp yn un o dri neu bedwar gwyddonydd môr gorau'r byd yn y cyfnod hwnnw.¹⁰ Gwobrwywyd Dennis Crisp ym 1968 â Chymrodoriaeth y Gymdeithas Frenhinol. Nid yr anwylaf o gydweithwyr ydoedd yng ngolwg pawb: gallai fynd dan groen pobl yn ogystal â'u hysbrydoli, ac ymorchestai yn y ffaith ei fod yn brwydro'n gyson yn erbyn yr hyn a ystyriai ef yn fiwrocratiaid y Coleg a'u mân-reolau. Eto i gyd, mewn 15 mlynedd ef, i bob pwrpas, oedd wedi adeiladu bri byd-enwog Bangor ym maes gwyddor môr.

Roedd y peirianwyr electronig, dan arweiniad Malcolm Gavin, yn ymestyn allan i feysydd newydd, gan wrthbrofi'n rymus y farn na allent fodoli heb adrannau peirianneg fecanyddol a sifil. I bob pwrpas roedd Gavin wedi creu is-adrannau newydd peirianneg rheolaeth a thechnoleg defnyddiau – pob un dan arweiniad Athro, sef Bob Paul ac R. W. Cahn. Roedd yn 'experiment in university technological education', dadleuai.¹¹

Mewn biocemeg, roedd W. Charles Evans hefyd yn torri tir newydd gyda'i ymchwil i wahanol sylweddau biodiraddiadwy sydd i'w cael yn yr amgylchedd. Dyn lleol o Fangor oedd Evans, gwyddonydd dawnus a fu'n gweithio yn labordy Syr Alexander Fleming yn Ysgol Meddygaeth Ysbyty St Mary's ym 1944/5. Yn un o'i Adroddiadau fel pennaeth dywed ei fod yn 'intrigued and tantalized' gan broblemau gwenwyn rhedyn mewn gwartheg.[12] Eto i gyd, ym maes diraddiad microbau y gwnaeth ei farc yn bennaf ac mae ei waith yn sail llawer o wybodaeth gyfredol ym maes llygredd amgylcheddol. Daeth yn Gymrawd y Gymdeithas Frenhinol ym 1979.

Gallai Cyfadran y Celfyddydau hithau ymffrostio yn ei hacademyddion disglair yn y 1960au. Roedd C. L. Mowat, a olynodd A. H. Dodd fel Athro Hanes ym 1958, wedi dod i amlygrwydd tra bu'n gweithio ym Mhrifysgol Chicago pryd y cyhoeddodd lyfr dylanwadol, *Britain Between the Wars*, ym 1955. Yn ddi-ddadl roedd yn hanesydd o'r radd flaenaf. Yn yr Adran Hanes Cymru, daeth J. Gwynn Williams yn drydydd deiliad y Gadair. Yn ei flynyddoedd cynnar yn y Gadair, dilynodd yn ôl troed A. H. Dodd, awdurdod digymar ar Gymru'r ail ganrif ar bymtheg ond, mewn ymateb i wahoddiadau taer, neilltuodd lawer o'i amser a'i egni wedi hynny i ysgrifennu gweithiau meistrolgar ar flynyddoedd cynnar y Coleg Prifysgol a Phrifysgol Cymru. Roedd John Danby, Athro'r Saesneg, yn athro carismataidd ac yn un o gymeriadau nodedig y Coleg. Pwtyn bach, 'roly-poly figure of a man' yn ôl un disgrifiad ohono,[13] oedd Danby ac roedd yn ysgolhaig Shakespearaidd blaenllaw y cyhoeddwyd ei gyfrol ar *King Lear* gan Faber & Faber yn ôl y sôn ar ôl iddo gael ei gyfweld gan ei gyfarwyddwr, T. S. Eliot. Roedd ei ddarlithoedd hefyd yn ysgubol o ysgogol. Eto i gyd, gallai Danby fod yr un mor gartrefol yn chwarae dominos yn y 'Ship Launch' ger pier Bangor.

Roedd Keith Spalding, Athro'r Almaeneg ac aelod cynyddol ddylanwadol o'r Senedd, wedi cael bywyd tipyn mwy dramatig. Fe'i ganed yn Karl Heinz Spalt yn Frankfurt ym 1913 a daeth yn heddychwr yn ei arddegau. Yn 18 oed ysgrifennodd lyfr yn erbyn rhyfel, cyfrol a losgwyd gan wrthwynebwyr o flaen Prifysgol Berlin. Pan ddaeth Hitler i rym yn yr Almaen ym 1933, ffodd Spalt i Vienna, gan ddal i deithio nes daeth yn y diwedd i Brydain ym 1934 lle y dechreuodd astudio ym Mhrifysgol Birmingham. Pan ddaeth yn rhyfel ym 1939 cafodd ei gaethiwo ym Mhrydain. Fodd bynnag, wedi ei ryddhau yn Hydref 1940, ymunodd â byddin Prydain gan chwarae rhan yng ngorchfygiad ei famwlad.[14] Roedd wedi ymuno â staff Bangor ym 1950, lle'r arhosodd nes ymddeol dros 30 mlynedd yn ddiweddarach. Cydnabuwyd gwasanaeth Spalding i eiriaduraeth pan deithiodd Llysgennad Gorllewin yr Almaen i Fangor i dalu teyrnged iddo.

Yn lle J. E. Caerwyn Williams, a adawodd Adran y Gymraeg am Gadair y Wyddeleg yn Aberystwyth, daeth Melville Richards, a oedd bryd hynny'n bennaeth Celteg ym Mhrifysgol Lerpwl. Yn ŵr gradd o Abertawe, penodwyd Richards i'w *Alma Mater* ym 1936, a chredid yn gyffredinol – ond yn gyfeiliornus – ei fod wedi llenwi swydd Saunders Lewis yn dilyn ei ddiswyddo o ganlyniad i'w ran yn llosgi'r ysgol fomio ym Mhen-y-berth. Roedd gweithiau cyhoeddedig Melville Richards yn cynnwys llawlyfrau ar Hen Wyddeleg a chystrawen Gymraeg fodern, ond daeth i amlygrwydd yn bennaf o ganlyniad i'w waith ar astudio enwau lleoedd yng Nghymru. Yn wir, mae Archif Melville Richards yn y Brifysgol yn drysorfa wirioneddol i rai sy'n astudio enwau lleoedd Cymreig.

Mewn Cerddoriaeth, roedd D. E. Parry Williams – a astudiodd wyddoniaeth yn wreiddiol – yn meithrin adran sylweddol a ddenai nifer o academyddion a cherddorion ifanc o safon. Roedd cyfansoddiadau Reginald Smith-Brindle yn cael eu perfformio ledled Ewrop, tra oedd Bernard Rands, Sais a ddaeth i Fangor i astudio ac a ddysgodd Gymraeg, yr un mor gynhyrchiol. Daeth Rands i amlygrwydd yn ddiweddarach yn yr Unol Daleithiau fel cyfansoddwr o'r radd flaenaf ac Athro Cerddoriaeth yn Harvard, ac enillodd Wobr Pulitzer. Cyfansoddwr ifanc arall athrylithgar yn yr adran oedd William Mathias, bachgen o Sir Gaerfyrddin a ddechreuodd chwarae'r piano yn dair oed ac a oedd yn cyfansoddi erbyn ei fod yn bump. Daeth yn Gymrawd yr Academi Frenhinol Cerddoriaeth ym 1965 yn 31 oed.

Dau Albanwr amlwg ar y Senedd oedd Clement Mundle ac Ian Alexander. Roedd Mundle, awdurdod ar ymchwil seicig a chlirwelediad, wedi olynu Hywel D. Lewis ym 1955 ac ef oedd y diweddaraf mewn olyniaeth faith o athrawon Athroniaeth nodedig. Rhoddodd Alexander bwyslais ar astudio athroniaeth Ffrengig ddirfodol tra bu'n dal y Gadair Ffrangeg, ond nid esgeulusodd agweddau eraill chwaith ac o dan ei arweinyddiaeth ffurfiwyd is-adran Eidaleg ym 1957. Roedd Bleddyn Roberts, a oedd yn dipyn o hynafgwr ar ochr y Celfyddydau, wedi bod yn Athro Hebraeg ac Astudiaethau Beiblaidd er 1953, ond bu'n gysylltiedig â'r Coleg er y 1920au. Yn ddyn gydag 'infectious laugh and puckish sense of humour',[15] roedd wedi dod i amlygrwydd ar sail ei waith cyhoeddedig ar yr Hen Destament ac ar Sgroliau'r Môr Marw. Sicrhaodd hefyd fod Astudiaethau Beiblaidd yn datblygu'n adran drwyadl ddwyieithog. Bu M. L. Clarke, Lladinwr uchel ei barch a gyhoeddodd sawl cyfrol ar hanes astudiaethau clasurol, yn gwasanaethu fel Is-Brifathro yn y 1960au. Roedd yn adnabyddus ym Mangor hefyd am un o'r daliadau mwyaf rhyfeddol erioed yn hanes tîm criced y staff.[16] Parhaodd y Coleg hefyd i gael ymweliadau gan ddarlithwyr o fri. Traddododd y nofelydd Iris Murdoch ddarlithoedd ym Mangor ym 1962/3, tra treuliodd y beirniad llenyddol mawr F. R. Leavis dymor ym Mangor ym 1969/70 fel cymrawd cadeiriol. Ym 1967 bu'r Arglwydd Denning, Meistr y Rholiau, ym Mangor yn annerch cynhadledd. Yr un flwyddyn traddodwyd Darlith Gelf T. Rowland Hughes gan Syr Anthony Blunt, cyfarwyddwr y Courtauld Institute. Daeth i'r amlwg yn ddiweddarach fod Blunt yn asiant dwbl a gynorthwyodd yr ysbiwyr Burgess a Maclean i ffoi i'r Undeb Sofietaidd ac fe'i bwriwyd i anfri llwyr.

Er gwaethaf ei gynnydd cyflym yn y 1960au, ymddengys i Goleg Prifysgol Gogledd Cymru lwyddo i ddal gafael ar ei ethos golegol. Daeth y 'swinging sixties' i Fangor, ond mewn rhyw ffordd addfwyn, frethyn cartref fel petae. Clywyd ychydig o sŵn gwrthryfel yn y gwynt gyda Georgie Fame a Johnny Kidd and the Pirates yn perfformio yn Neuadd Prichard-Jones ychydig wythnosau cyn i'r myfyrwyr sefyll eu harholiadau yno. Roedd 'hops' yn dal i gael eu cynnal (tua phedair y flwyddyn), gyda'r merched o Goleg y Santes Fair (a oedd i ferched yn unig) yn goleuo tipyn ar nosweithiau tywyll y gaeaf. Testun rhyfeddod i un myfyriwr o wastadeddau de Cymru oedd gweld goleuadau'r Santes Fair yn edrych i lawr ar ddinas Bangor. 'To discover that this College which shone amongst the stars contained only women was an exciting prospect,' atgofiodd.[17] Roedd gemau pêl-droed yn erbyn bechgyn y Coleg Normal yn dal yn achlysuron tra chystadleuol yn y 1960au, a theithiau pêl-rwyd y merched i Ddulyn ac Aberystwyth yn anturiaethau cofiadwy.[18] Achosodd y penderfyniad i ddarparu bar i'r myfyrwyr gryn ddadlau. Yn Ebrill 1963, o 18 pleidlais i 11, cytunodd Cyngor y Coleg mewn egwyddor i ddarparu bar yn y ffreutur newydd, ar gais Cyngor Cynrychiolwyr y Myfyrwyr.[19]

Tramgwyddwyd yr Anghydffurfwyr – a oedd eisoes yn gweld eu dylanwad yn pylu yn dilyn Deddf Drwyddedu 1960 – yn fawr gan y penderfyniad, ac am sawl mis ceryddwyd y Coleg gan wahanol unigolion a grwpiau, yn cynnwys Undeb Dirwest Gwynedd.[20] Un o wrthwynebwyr huotlaf y bwriad oedd Kate Winifred Roberts, a oedd yn ffigur amlwg ym mywyd cyhoeddus Cymru, yn ogystal â bod yn aelod o'r Cyngor. Fodd bynnag, gyda'r myfyrwyr yr ochrodd y mwyafrif.

Er gwaetha'r datblygiad a'r twf academaidd, a'r gwelliannau yn y ddarpariaeth i'r myfyrwyr, roedd her yr ehangu hefyd yn dod i'r amlwg mewn gwahanol ffyrdd. Wrth i niferoedd y myfyrwyr barhau i gynyddu'n gyflym, roedd yn ymddangos bod cymeriad Cymreig y Coleg Prifysgol yn edwino. Roedd y duedd hon wedi dechrau yn y 1950au. Ym 1957/8, y flwyddyn cyn i Charles Evans ddod yn Brifathro, 52 y cant o'r myfyrwyr a ddeuai o Gymru; ddechrau'r 1950au roedd y ganran wedi bod dros 70 y cant. Erbyn 1966/7, fodd bynnag, dim ond 24 y cant o fyfyrwyr Bangor a ddeuai o Gymru. Parodd hyn gryn fraw, gan gyd-ddigwydd â phryder cynyddol yng Nghymru'n gyffredinol ynglŷn â dyfodol yr iaith Gymraeg. Mor gynnar â Thachwedd 1962, fisoedd yn unig ar ôl apêl rymus Saunders Lewis yn ei ddarlith radio, *Tynged yr Iaith*, cyflwynodd Cymdeithas y Cymric ddeiseb yn gofyn am i'r Gymraeg gael ei defnyddio'n helaethach yn y Coleg. Roedd arnynt eisiau mwy o ddwyieithrwydd mewn dogfennau swyddogol, ar arwyddion, hysbysiadau a chylchlythyrau. Roedd y memorandwm dwyieithog a gyflwynwyd gyda'r ddeiseb yn dadlau – gyda pheth cyfiawnhad – 'does dim byd yn chwyldroadol yn amcanion y ddeiseb hon . . . Nid ydym yn cyhuddo'r Coleg o anwybyddu bwriadol a hyd yn oed o esgeulustod.'[21] Fodd bynnag, ymateb cwta yn Saesneg a gafwyd gan y Prifathro Evans: byddai'n rhoi gwybod i'r Senedd am y ddeiseb, ond ychwanegodd 'there are normal channels for making the views of students and staff known to the College Authorities'.[22]

Er iddi ildio ar bwyntiau cymharol fychan, ni pherswadiwyd y Senedd ym 1962/3 fod polisïau neu reoliadau manwl ynglŷn â defnyddio'r Gymraeg yn angenrheidiol nac yn fanteisiol.[23] Ym Mehefin 1963, cyflwynodd Cymdeithas y Cymric ail femorandwm a deiseb i'r Cyngor, yn galw am fwy o 'Gymreigrwydd yn y coleg drwyddo draw'. I'r myfyrwyr, roedd yn dewis yn glir ac amlwg:

'naill ai i anrhydeddu'r Gymraeg neu ei dirmygu.'[24] Nid ymgyrch gan fyfyrwyr oedd hon yn unig chwaith. Yr un mis, llofnododd 21 o aelodau'r staff academaidd lythyr at y Cyngor yn galw arno 'i roi i'r iaith Gymraeg yr urddas a haedda'.[25]

Mewn ymateb, penododd y Cyngor is-bwyllgor o 12 – dan arweiniad y cyn Brifathro Syr Emrys Evans – i ystyried y ddeiseb a chyflwyniadau eraill. Yn Chwefror 1964, cyflwynodd yr is-bwyllgor ei adroddiad i'r Cyngor. Drwodd a thro, derbyniai 'the propriety of the plea advanced that . . . the Welsh language shall receive due recognition in the life and administration of the College'.[26] Cymeradwywyd dull mwy dwyieithog o weithredu, er enghraifft, o ran teitlau cyhoeddiadau swyddogol, enwau adeiladau'r Coleg a ffurflenni cofrestru ac arholi. Prin bod hynny'n ddigonol, fodd bynnag, i'r rhai a ymgyrchai dros ddiwygio helaethach.

Tra oedd y dadleuon hyn yn mynd ymlaen torrodd storm enbyd ynglŷn â dyfodol Prifysgol Cymru. Nid yw'n syndod bod ehangu wedi tanio dyheadau am annibyniaeth ymysg rhai yng Ngholegau Prifysgol Cymru. Ym 1960, sefydlodd Llys Prifysgol Cymru gomisiwn i adolygu fframwaith a statws y Brifysgol ffederal. Buan y daeth rhaniadau i'r amlwg ar y comisiwn, gyda nifer o Brifathrawon – yn cynnwys Charles Evans – o blaid creu pedair prifysgol annibynnol yng Nghymru. Arweiniodd mater 'dadffedereiddio', fel y'i gelwid, at ddadleuon chwerw dros gyfnod maith. Yn y diwedd, ymddangosodd tri adroddiad. Roedd un, wedi'i lofnodi gan 14 o aelodau'r comisiwn, yn argymell annibyniaeth i'r Colegau Prifysgol; roedd yr ail, a gymeradwywyd gan 12 o aelodau'r comisiwn, yn cefnogi parhad y brifysgol ffederal. Gwahanol iawn oedd cynnwys y trydydd, gan y Prifathro Thomas Parry o Aberystwyth, gan gyflwyno'r ddadl dechnegol na ddylai'r comisiwn fod wedi gwneud unrhyw argymhellion o gwbl.

Bu'n ddadl boeth ar gampysau ac yng ngholofnau papurau newydd a chyfnodolion megis *Barn*. Ni ddaeth i fwcl tan 1964 pan dderbyniodd Llys Prifysgol Cymru yr ail adroddiad ac achub y ffederasiwn. Am gyfnod wedyn hyd yn oed, parhaodd tensiynau oherwydd roedd dadffedereiddio wedi cael cefnogaeth eang yn Seneddau'r Colegau. Ym Mangor, fe ddatganodd y Senedd ei bod yn 'gresynu'n fawr at weithred Llys y Brifysgol yn derbyn yr Ail Adroddiad', a galwodd am sefydlu Comisiwn Brenhinol i ymchwilio i'r mater.²⁷ Tipyn mwy cymedrol oedd ymateb y Cyngor. Ar ôl gohirio ystyried y mater am ddau gyfarfod, rhoddodd sylwadau yn y diwedd ar nifer cyfyngedig o bwyntiau penodol. Ymddangosai i'r helynt ddwysáu'r anghytgord cynyddol ym Mangor, oherwydd tueddai cefnogwyr grymusaf Prifysgol Cymru i fod yn aelodau staff Cymraeg ac yn aelodau lleyg Cymraeg ar y Cyngor. Yn y diwedd, teimlai Charles Evans na fu unrhyw wir ddrwgdeimlad, 'no bad blood' yn ei eiriau ei hun, er bod gwahaniaethau barn sylweddol wedi dod i'r amlwg.²⁸

Roedd symudiadau hefyd ar y gweill bryd hynny ar lefel ffederal i feithrin dysgu pellach drwy gyfrwng y Gymraeg. Roedd un o bwyllgorau Prifysgol Cymru wedi argymell datblygu darpariaeth cyfrwng Cymraeg, ac – yn ddiddorol – credai y dylai gael ei grynhoi mewn un sefydliad. Mewn papur i Senedd Bangor ym 1966, dadleuodd J. Gwynn Williams a Melville Richards mai Bangor ddylai fod y sefydliad hwnnw. Roedd y ddau'n bryderus ynglŷn â'r gostyngiad yng nghyfradd myfyrwyr Cymraeg ym Mangor – 'we are the least "Welsh" of all the Welsh colleges and the most cosmopolitan,' meddent²⁹ – a theimlent y gallai rhaglen cyfrwng Cymraeg fod o gymorth i unioni'r diffyg hwn. Mewn gwirionedd, ni chofleidiwyd y syniad o gael un coleg cyfrwng Cymraeg, ac erbyn 1968 gwnaed penodiadau yn Aberystwyth a Bangor i ddysgu'n benodol trwy gyfrwng y Gymraeg.

Amwys, ar y gorau, oedd agwedd awdurdodau'r Coleg Prifysgol at yr iaith Gymraeg. Ychydig iawn o Gymraeg oedd Charles Evans wedi'i ddefnyddio ers ei blentyndod, ac roedd ei hyder yn ei allu i siarad Cymraeg yn gyhoeddus yn ymddangos yn gyfyngedig – ac efallai bod profiadau cynnar ym Mangor wedi dwysáu hynny.³⁰ Beth bynnag, nid oedd yn fodlon siarad Cymraeg yn gyhoeddus ac ychydig iawn a siaradai'n breifat hefyd. Ni ddangosai ddiddordeb chwaith mewn diwylliant Cymraeg nac mewn gwella ei sgiliau Cymraeg ei hun. Nid oedd y Llywydd, yr Arglwydd Kenyon, na'r Cofrestrydd, Kenneth Lawrence – a oedd i'w weld yn ysgwyddo mwy o gyfrifoldeb wrth i iechyd y Prifathro ddirywio – yn siarad Cymraeg, a drwodd a thro nid oedd agwedd gydymdeimladol at y Gymraeg yn amlwg iawn.

Heblaw am y sgarmesoedd ynglŷn â defnyddio'r Gymraeg, ni welwyd ym Mangor yn y 1960au y gwrthdrawiadau miniog hynny a nodweddai'r berthynas rhwng prifysgolion a'u myfyrwyr mewn mannau eraill. O bryd i'w gilydd taflai'r myfyrwyr eu pwysau o gwmpas i ryw raddau. Ym 1968/9, flwyddyn ar ôl iddynt symud i adeilad newydd yr Undeb, ymgyrchodd y myfyrwyr yn gadarn dros gael mwy o lais ym materion y Coleg ac yn y pen draw cawsant leoedd ar y Cyngor a'r Senedd. Ym 1970, boicotiodd pob myfyriwr y ffreutur am dymor cyfan gan arwain at ad-drefnu'r gwasanaeth arlwyo'n sylweddol. Ychydig yn ddiweddarach, sefydlwyd pwyllgorau staff–myfyrwyr hefyd yn yr adrannau. Parodd hyn beth anesmwythyd i rai o'r academyddion hŷn, mwy traddodiadol. Wrth roi sylwadau ar ei brofiad cyntaf o bwyllgor staff–myfyrwyr, nododd Clement Mundle, yr Athro Athroniaeth, yn sychlyd: 'we got a determined young lady who deemed it her duty to reorganize us from scratch'.[31]

Twf a datblygiad oedd yr arwyddeiriau o hyd wrth i'r Coleg groesi trothwy y 1970au. Ym 1970, roedd nifer y myfyrwyr yn 2,514, bron ddwbl yr hyn ydoedd ym 1960. Roedd y boblogaeth fyfyrwyr wedi parhau i dyfu, er yn arafach mae'n wir nag yn niwedd y 1950au a dechrau'r 1960au. Yn wir, roedd recriwtio myfyrwyr i rai pynciau wedi mynd yn dasg anodd ac arweiniodd hyn at rai arbrofion strwythurol. Ym 1970/1 graddiodd 12 o fyfyrwyr mewn Cemeg, a 17 mewn Ffiseg (o'i gymharu â 57 mewn Peirianneg Electronig). Y flwyddyn honno cytunwyd y dylent ymuno â'i gilydd mewn Ysgol Gwyddorau Ffisegol a Moleciwlaidd, dan arweiniad dau wyddonydd blaenllaw, y cemegydd Charles Stirling a'r ffisegydd Leslie Wilcock. Gwnaeth 12 radd mewn Mathemateg ym 1971, a dim ond 3 o raddedigion anrhydedd sengl a gafodd y pwnc ym 1974. Ym 1973, ffurfiwyd Ysgol Mathemateg, yn cyfuno agweddau pur a chymhwysol y pwnc, dan arweiniad dau fathemategydd uchel eu parch, T. J. M. Boyd a Ronnie Brown. Gwaeth fyth oedd tynged Groeg a Lladin, gyda dim ond un myfyriwr rhyngddynt yn graddio ym 1971. Ers dyddiau cynharaf y Coleg Prifysgol, roedd gan bob pwnc ei Gadair ei hun. O 1974, fodd bynnag, pan ymddeolodd R. E. Wycherley ac M. L. Clarke, cyfunwyd y ddwy adran dan Athro'r Clasuron, Brian Reardon.

Mewn adrannau eraill roedd sawl un yn prysur ddod i fri academaidd. Dim ond 31 oed oedd Keith Robbins pan gafodd ei benodi'n Athro Hanes ym 1971; gwireddwyd ei addewid fawr ac yn ddiweddarach daeth yn Is-Ganghellor Llanbedr Pont Steffan. Ym maes Addysg, roedd J. R. Webster, gŵr o Fôn a ddaeth yn Athro Addysg ym 1966, yn athro ysbrydoledig, tra hoeliodd Aled Eames, cystadleuydd arall am y Gadair Addysg, ei sylw ar hanes morwrol gogledd Cymru gan ddod yn awdurdod yn y maes. Yn eu gwahanol feysydd, wedyn, cafwyd cyfraniadau nodedig gan Jimmy Dodd, swolegydd gyda diddordeb mewn pynciau môr yn bennaf, a Tony Fogg, botanegydd gyda diddordeb ysol yn yr Antarctig ac a gryfhaodd ochr blanhigion Bioleg Môr. Fe wnaeth Ian Lucas (Amaethyddiaeth) a Laurence Roche (Coedwigaeth) ailbwysleisio agweddau rhyngwladol eu pynciau trwy brojectau ymchwil pwysig yn Saudi Arabia a Nigeria.

Roedd llwybrau academaidd newydd yn parhau i gael eu datblygu. Ychwanegiad gwerth ei grybwyll ym 1971/2 oedd gradd Meistr mewn Gwaith Cymdeithasol. O dan Jack Revell, Athro Economeg a Marcsydd o argyhoeddiad, sefydlwyd gradd Meistr mewn Economeg Ariannol ym 1970 – gan ddechrau arbenigedd Bangor ym maes bancio a chyllid, tra sefydlwyd gradd newydd mewn Cyfrifeg ym 1974. Yn yr Adran Seicoleg, arloesodd Tim Miles gydag ymchwil i ddyslecsia a chafodd Uned Dyslecsia ei chydnabod yn ffurfiol ym 1976/7. Gwelwyd twf mewn Drama, a sefydlwyd adran ar wahân a Chadair yn y pwnc ym 1976. Parhaodd isadeiledd y Coleg i ddatblygu, er mewn ffordd dameidiog braidd. Agorwyd labordai Brambell ym 1971 gan yr Arglwydd Zuckerman – gydag ymddangosiad allanol yr adeilad yn peri 'mixed reactions',[32] fel y nododd yr Athro Swoleg newydd, Jimmy Dodd. Roedd bwriad i gael theatr ers nifer o flynyddoedd ac, yn Ionawr 1975, agorodd Theatr Gwynedd ei drysau. Fe'i hadeiladwyd (gan gostio peth yn fwy na'r disgwyl) gyda chefnogaeth awdurdodau lleol a gwahanol ymddiriedolaethau, yn ogystal â Chyngor Celfyddydau Cymru. Cwblhawyd Canolfan Chwaraeon ar safle Ffriddoedd ym 1976/7, a'r un pryd cafwyd llety preswyl newydd (bloc o fflatiau un ystafell, a alwyd yn Llys Tryfan) ar gyfer y myfyrwyr.

Roedd yr hinsawdd economaidd, fodd bynnag, yn ddigon gerwin o ganlyniad i argyfwng olew 1973 a chwyddiant yn codi'n gyflym. Pan ofynnodd yr UGC am gynllun datblygu deng mlynedd ym 1973, rhagdybiodd Charles Evans y byddai nifer y myfyrwyr wedi cynyddu i 4,500 erbyn 1981/2, eto dim ond ar yr amod y byddai cyllid digonol ar gyfer adeiladau ac offer.[33] Rhwng 1974 a 1976 nid oedd y sefyllfa ariannol yn galonogol. Ymwelodd yr UGC â'r Coleg ym 1975/6 gan roi 'encouragement and helpful advice, but little comfort'.[34] Ymhellach, roedd myfyrwyr yn gyffredinol yn mynd yn fwy croch eu llef. Ar wahanol adegau ddechrau'r 1970au buont yn cwyno'n dost yn erbyn y cyllid a roddid i Undeb y Myfyrwyr, ffioedd neuaddau a thoriadau. Prin oedd cydymdeimlad y Prifathro â gweithgareddau gwleidyddol myfyrwyr, gan gwyno'n sur, pan wnaethant brotestio ynglŷn â grantiau myfyrwyr ym 1973/4, am eu 'irresponsible interference in the College's normal working'.[35]

Roedd dicter ynglŷn ag ehangu'r Coleg yn dal i fudlosgi. Ym 1971, roedd 25 o'r staff Cymraeg (yn cynnwys nifer o Athrawon y dyfodol) wedi cyflwyno memorandwm i Lys y Coleg yn gwrthwynebu'r twf cyson.[36] Dadleuwyd yr achos yn fedrus yn y ddogfen, ond ni chafodd ei dderbyn gan y Llys, ac anghytunai rhai academyddion yn y Senedd yn sylfaenol â dadansoddiad eu cydweithwyr. Daliodd niferoedd y myfyrwyr i gynyddu, gan gyrraedd 2,814 ym 1975, ond roedd canran myfyrwyr Cymreig yn parhau'n ddigyfnewid ar 25 y cant. Un cam pwysig fu creu neuadd breswyl Gymraeg. Wedi trafod helaeth mewn is-bwyllgor a sefydlwyd gan y Cyngor, a chynnal arolwg o'r galw am lety o'r fath, ym Mai 1973 penderfynodd y Cyngor y dylai'r 'University Hall' gael ei throi'n neuadd gymysg i fyfyrwyr Cymraeg eu hiaith. Ym mis Hydref 1974 agorodd y neuadd Gymraeg gyda 153 o fyfyrwyr ac fe'i galwyd, yn briodol iawn, yn 'Neuadd John Morris-Jones'.

Roedd teimladau'n parhau yn rhai rhannau o'r Coleg Prifysgol bod ymgeiswyr Cymraeg am uwch swyddi academaidd yn cael eu hesgeuluso. Corddwyd y dyfroedd yn arbennig ym 1973 pan benodwyd ymgeisydd di-Gymraeg – Max Wilcox, academydd Awstralaidd a ddaeth i Fangor o Brifysgol Newcastle – i'r Gadair Astudiaethau Beiblaidd i olynu Bleddyn Jones Roberts. Mynegwyd siom gan fyfyrwyr a chan sefydliadau fel Undeb Annibynwyr Cymru, ond ymddangosai nad oedd barn o'r fath yn cael nemor ddylanwad ar y Cyngor.[37]

Roedd Syr Charles Evans yn ymwybodol o'r anniddigrwydd hwn ond daliodd i lynu'n ddiwyro wrth bolisi o ehangu. Wrth ysgrifennu ym mhapur newydd y myfyrwyr, *Forecast*, yn gynnar ym 1974, roedd yn ddiamwys ei safbwynt. Dywedodd y byddai 'a refusal to grow at a time when funds and suitably qualified applicants for entry were forthcoming' yn niweidio'r Coleg. 'I believe that the Universities have a duty to try to find places for all those who wish to enter and who are likely to profit by the university experience,' meddai ymhellach. Ni ofidiai'r Prifathro'n ormodol ynglŷn â beirniaid ehangu, gan nodi bod y myfyrwyr, yn ei dyb ef, wedi gwrthdystio'n 'not very wholeheartedly, I think, against it'.[38]

Yn ddiweddarach y flwyddyn honno, roedd storm sydyn ynglŷn ag agwedd wahanol ar ehangu fel pe bai am bardduo enw da'r Coleg Prifysgol ymhellach. Y cefndir i hyn oedd Papur Gwyn gan y Llywodraeth ar gyfuno o fewn prifysgolion y Colegau Addysg hynny a hyfforddai athrawon. Roedd yn ymddangos yn neilltuol berthnasol i ddinas fechan Bangor lle roedd dau o'r colegau hyn – y Coleg Normal a Choleg y Santes Fair – yn bodoli ochr yn ochr â'r Coleg Prifysgol. Ym Mehefin 1974 cyflwynodd Syr Charles Evans bapur trafod yng Nghyngor y Coleg ar gyfuno posibl y Santes Fair a'r Coleg Normal o fewn Coleg Prifysgol Gogledd Cymru. Croesawyd y ddogfen yn swyddogol gan y Cyngor – corff yr oedd Prifathro'r Coleg Normal, J. A. Davies, yn aelod ohono. Awgrymwyd cynnal trafodaethau rhwng y sefydliadau, a sefydlodd y Cyngor bwyllgor cyddrafod ar ôl i'r UGC fynegi cefnogaeth i symudiad o'r fath. Cymysg oedd yr arwyddion cyntaf a gafwyd: roedd llywodraethwyr Coleg y Santes Fair yn fodlon symud ymlaen gydag integreiddio; roedd hynny'n gwneud llawer o synnwyr i'r coleg bychan hwn a oedd yn gysylltiedig â'r Eglwys yng Nghymru. Ond roedd yr awdurdodau addysg lleol yng ngogledd Cymru'n ddiamwys eu gwrthwynebiad i unrhyw integreiddio'n ymwneud â'r Coleg Normal, er i staff academaidd y Normal nodi ar un achlysur eu cefnogaeth i sefydlu 'Ysgol Addysg integredig ddwyieithog'[39] ym Mangor.

Y gwir oedd bod llawer, o fewn y Coleg Normal a thu allan iddo, yn edrych yn amheus ar yr holl fater. Roedd yn anochel bod y twf grymus i bob golwg a oedd eisoes wedi digwydd yn y Coleg Prifysgol yn gwneud i'r sefydliadau llai deimlo beth yn fregus. Ymhellach, er y gwnaed ychydig gynnydd mewn darpariaeth cyfrwng Cymraeg yn y Coleg Prifysgol – erbyn 1974/5 roedd 13 o staff wedi eu penodi'n arbennig i ddysgu drwy'r Gymraeg – roedd yn annhebygol bod arweinwyr y ddau sefydliad yn rhannu'r un weledigaeth ar gyfer addysg cyfrwng Cymraeg a'r iaith Gymraeg.

Ni fu'n rhaid disgwyl yn hir cyn y taniwyd ergydion gwleidyddol. Ar 11 Mehefin 1975, yn ystod cyfarfod yr Uwch-Bwyllgor Cymreig, mynegodd mwy nag un aelod seneddol bryder ynghylch y cynigion ynglŷn ag uno. Adroddwyd bod yr AS dros Sir Drefaldwyn, Emlyn Hooson, wedi cyfeirio at 'empire-building' gan y Coleg Prifysgol a'i Adran Addysg. Cafwyd ymosodiadau eraill ar enw da academaidd CPGC, gan beri i Syr Charles Evans ateb yn chwyrn. 'There is no foundation for such damaging and irresponsible words,' protestiodd mewn llythyr at holl aelodau'r Uwch-Bwyllgor Cymreig.[40] Haerodd y Prifathro'n rymus mai o du'r Llywodraeth yr oedd yr argymhellion ar gyfer yr integreiddio wedi deillio, nid o'r Coleg Prifysgol nac o unrhyw gynllun gorchestol. Yng nghyfarfod Cyngor y Coleg ar 25 Mehefin, cyfeiriodd J. A. Davies, Prifathro'r Coleg Normal, at yr embaras a achoswyd i'r Coleg Normal gan drafodaethau'r Uwch-Bwyllgor Cymreig a dywedodd yn bendant 'na ddaeth y datganiadau o'r Coleg Normal'.[41] Yn ddiweddarach cadarnhawyd sylwadau'r Prifathro Davies gan lywodraethwyr y Coleg Normal.

Beth bynnag, roedd yr argymhellion ar gyfer uno'r Coleg Normal wedi cael eu dryllio i bob pwrpas. Cafwyd cais ffurfiol gan y Llywodraeth am i drafodaethau gael eu cynnal ond, yn nechrau 1976, hysbyswyd y Coleg Prifysgol gan Ysgrifennydd Gwladol Cymru ei fod wedi penderfynu y dylai'r Coleg Normal barhau i fodoli fel 'a free-standing teacher training institution'.[42] Aeth 20 mlynedd arall heibio cyn i'r integreiddio rhwng y Coleg Normal a'r Brifysgol gael ei wireddu. Bu'r trafodaethau â Choleg y Santes Fair yn gymharol ddidrafferth ac, ym Mehefin 1976, cymeradwyodd y Cyngor ymgorffori'r Santes Fair o fewn y Coleg Prifysgol o Fedi 1977.

Bu helynt y Coleg Normal yn un anffodus. Nid oes amheuaeth nad polisi'r Llywodraeth wnaeth ysgogi'r ad-drefnu arfaethedig a bod y Coleg Prifysgol, ar adegau, wedi cael ei bardduo'n annheg. Eto, nid oedd wedi llwyddo i roi'r ddelwedd gyhoeddus fwyaf dymunol bob amser ac efallai y gallai fod wedi cyflwyno ei achos yn fwy cynnil. Efallai y bu amheuon ynglŷn ag ymrwymiad y Coleg Prifysgol i astudio cyfrwng Cymraeg. Gan ddod fel y gwnaeth ar ben pryderon ariannol dwys a beirniadaeth gynyddol ar agwedd y Coleg tuag at ehangu a materion yn ymwneud â'r Gymraeg, ni wnaeth yr mater ddim i godi ei fri. Yn wir, roedd holltau niweidiol yn prysur agor.

33. Portread mewn pensil gan John Merton o Charles Evans, Prifathro, 1958–1984

34. Yr Arglwydd Hailsham (ar y dde) ar achlysur agor yr Adeilad Ffiseg newydd ym 1962

35. *The Tutor* gan Bertolt Brecht, yn cael ei pherfformio gan y Gymdeithas Ddrama Saesneg ym 1965

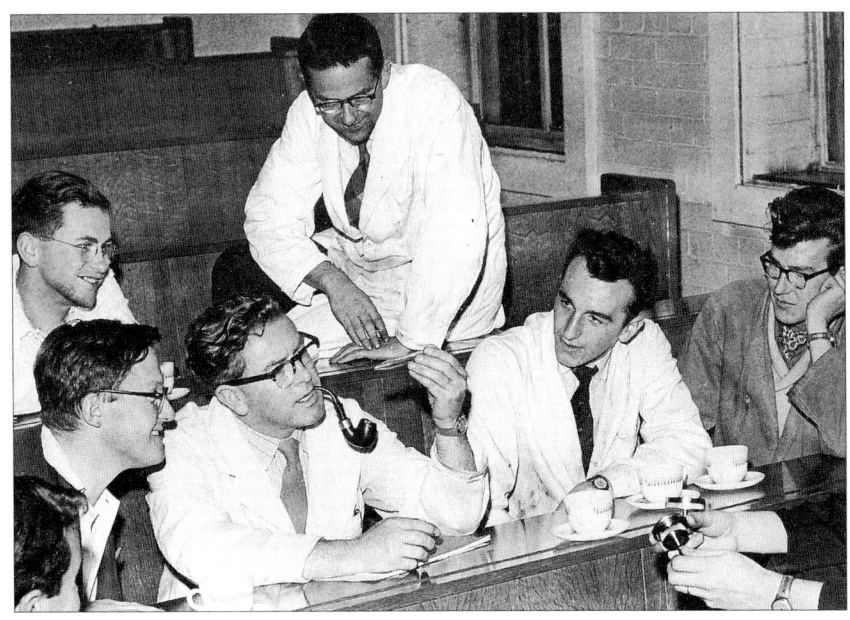

36. W. Charles Evans (gyda'r cetyn) yn trafod ag ôl-raddedigion ac ymchwilwyr mewn Biocemeg – daeth un ohonynt, Douglas Ribbons (ail o'r dde) yn ddiweddarach yn Athro Biocemeg a Gwyddor Pridd

37. Pwyllgor Gwaith Undeb y Myfyrwyr, 1963/4, yn Ystafell y Cyngor

38. Dennis Crisp, un o wyddonwyr môr mwyaf dylanwadol y byd, yn y 1960au

39. J. Gwynn Williams, Athro Hanes Cymru ac Is-Brifathro o 1974 tan 1979

40. William Mathias (ar y chwith), Athro Cerddoriaeth, gyda Gordon Lamb, Pennaeth Adran ar ymweliad o Brifysgol Texas ym 1976

41. Bedwyr Lewis Jones, Athro'r Gymraeg, 1973–92

42. Myfyrwyr Neuadd John Morris-Jones a staff dysgu cyfrwng Cymraeg ar ddechrau'r 1980au

43. Y Prifathro Syr Charles Evans (chwith), yr Arglwydd Kenyon, Llywydd (canol), ac Eric Hughes, Cofrestrydd, mewn cyfarfod o'r Llys yn niwedd y 1970au

44. Myfyrwyr yn protestio yn Ionawr 1979, gyda phlismyn yn cadw golwg arnynt

45. Tîm rygbi'r Coleg, 1979/80

6

'Ar anwadal donnau'
Gwrthdaro ac Argyfwng, 1976–1984

Fel roedd y ffrygydau ynglŷn â'r Colegau Addysg yn tawelu, ym Mehefin 1976 derbyniodd y Cyngor ddogfen gan Gymdeithas Cymric y myfyrwyr Cymraeg yn gwneud cais am gynyddu defnyddio'r Gymraeg yn y Coleg. Ymateb y Cyngor oedd cytuno y dylid trafod y mater yn ei gyfarfod nesaf ym mis Hydref.[1] Pan gyfarfu'r Cyngor ar 27 Hydref, caniatawyd i dri aelod o'r Gymdeithas fynd i mewn i Ystafell y Cyngor i gyflwyno eu hachos, yn dilyn cythrwfl bychan y tu allan i'r drws. Yr hyn roeddent ei eisiau yn ei hanfod oedd polisi iaith clir. Teimlai'r Cyngor na allai dderbyn dogfen Cymdeithas y Cymric fel ag yr oedd, ond cytunodd i sefydlu is-bwyllgor, dan gadeiryddiaeth y Llywydd, yr Arglwydd Kenyon, i adolygu'r polisi dwyieithog.[2]

Efallai nad oedd aelodau'r Cyngor wedi sylweddoli hynny ar y pryd, ond roeddent yn troedio ar fin y dibyn. Ni wnaeth eu dull ymddangosiadol ofalus a threfnus o ymdrin â'r mater ennyn serch y myfyrwyr Cymraeg a dweud y lleiaf. Ar 11 Tachwedd 1976, meddiannwyd swyddfeydd Cofrestrfa Academaidd y Coleg gan fyfyrwyr ac achoswyd peth difrod; paentiwyd sloganau ar furiau o amgylch y Prif Adeilad a thynnwyd rhai arwyddion i lawr a'u llosgi yn y prif gwadrangl. Ar 15 Tachwedd aeth rhai i mewn i'r Swyddfa Gyllid a gwasgarwyd bocsys a ffeiliau dros y llawr. Derbyniodd Cymdeithas y Cymric gyfrifoldeb am y gwrthdystiadau hyn, ac ymddiheurwyd wrth un swyddog yn y Swyddfa Gyllid a oedd, fel y credent hwy, yn cydymdeimlo â'u dadleuon. Brawychwyd Syr Charles Evans ac uwch gydweithwyr eraill gan y dulliau 'anghyfansoddiadol' a ddefnyddiodd y myfyrwyr. Ar 15 Tachwedd hefyd, gweithredodd y Senedd yn gadarn: cafodd pedwar myfyriwr oedd yn swyddogion Cymdeithas y Cymric eu gwahardd am weddill blwyddyn academaidd 1976/7.

Roedd pethau'n prysur boethi bellach. Ar 22 Tachwedd, gorymdeithiodd tua 600–800 o fyfyrwyr drwy Fangor ac fe'u hanerchwyd yn y prif gwadrangl gan yr ymgyrchwr iaith a'r canwr, Dafydd Iwan. Y diwrnod wedyn, eisteddodd aelodau'r Cymric i lawr yn adran newydd y Celfyddydau o'r Prif Adeilad a chau'r fynedfa i faes parcio'r cwadrangl. Gwnaeth awdurdodau'r Coleg gais am i orchymyn Uchel Lys gael ei gyflwyno i'r myfyrwyr. Rhoddwyd hwnnw ar 27 Tachwedd ac adfeddiannwyd yr adeilad y diwrnod wedyn. Yn lleol, cafodd y myfyrwyr lawer o gefnogaeth a derbyniodd y Coleg 150 o lythyrau yn cefnogi eu safiad. Dangoswyd cydymdeimlad gan rai academyddion Cymraeg a mynegodd rhai o aelodau lleyg y Cyngor bryder ynglŷn â gweithredoedd y Coleg: roedd O. V. Jones, obstetregydd Cymraeg ei iaith ac aelod o'r Cyngor ers cryn amser, yn anhapus iawn 'about the harsh penalty given to the four students'.[3] Ar y llaw arall, roedd rhai academyddion yn gandryll gydag ymddygiad y myfyrwyr. Galwodd cangen Bangor o undeb y darlithwyr, yr AUT, am 'firm disciplinary action to be taken',[4] tra mewn colofn olygyddol fe wnaeth y *Caernarfon and Denbigh Herald* ddatgan ei fod yn falch 'that the principal of Bangor University College was firm in his handling of some students'.[5]

Pan gyfarfu'r Cyngor ar 8 Rhagfyr 1976, roedd lefelau pryder yn codi'n amlwg. Wedi trafodaeth fer, ac ar gynnig a roddwyd gerbron gan Archesgob Cymru, G. O. Williams, ac a eiliwyd gan O. V. Jones, condemniodd y Cyngor ddefnyddio trais a galwodd ar Gymdeithas y Cymric i ymatal rhag unrhyw weithredu a fyddai'n tarfu ar y Coleg. Ond gofynnodd hefyd i'r Senedd – a oedd yn gyfrifol am ddisgyblaeth myfyrwyr – fod yn drugarog. Ar 15 Rhagfyr, ailystyriodd y Senedd y mater ac 'as a special act of clemency' cododd y gwaharddiadau ar y pedwar myfyriwr, ar yr amod bod y myfyrwyr a'r Cymric yn addo na fyddent yn gweithredu yn yr un modd drachefn. Roedd yn ymddangos bod y gwrthdaro wedi cilio am y tro beth bynnag. Nododd Syr Thomas Parry, cyn Brifathro Aberystwyth ac a oedd yn byw erbyn hynny ym Mangor, ei fod yn 'very glad indeed' ynglŷn â phenderfyniad y Senedd, a gobeithiai y byddai'r myfyrwyr hwythau yn ymateb yn briodol iddo.[6] Fe wnaethant hynny, gan roi'r addewidion y gofynnwyd amdanynt.

Yn y cyfamser, roedd yr Adolygiad o'r Polisi Dwyieithog yn symud beth ymlaen ond heb unrhyw gynnydd syfrdanol. Mewn dogfen interim a gyflwynwyd i gyfarfod y Cyngor yn Rhagfyr 1976 nodwyd bod gwybodaeth yn cael ei chasglu ac y gofynnid i'r Senedd ystyried cynigion yn ymwneud â dwyieithrwydd a Phrosbectws y Coleg. Roedd y berthynas rhwng y Coleg a'r myfyrwyr Cymraeg yn parhau'n bur gecrus. Yn Ebrill 1977, torrodd rhai myfyrwyr ar draws cynhadledd o brifathrawon ysgol yn y Coleg, gan gythruddo rhai academyddion uwch. Unwaith eto gweithredodd y Senedd: gwaharddwyd un myfyriwr ac un arall ddeng niwrnod yn ddiweddarach. Ond roedd barn y myfyrwyr yn caledu'n gyflym. 'Rydym wedi blino'n lân ar dderbyn ychydig friwsion gan y Coleg o bryd i'w gilydd,' ysgrifennodd tri myfyriwr o Neuadd John Morris-Jones. 'Ni fydd cosb yn ein cadw'n dawel.'[7] Ym Medi 1977, cymeradwyodd y Cyngor adroddiad ei Bwyllgor Adolygu Polisi Dwyieithog, a phenderfynodd y dylid trefnu cyfarfod â phedwar aelod o Gymdeithas y Cymric a oedd wedi rhoi tystiolaeth i'r Pwyllgor. Yna penderfynodd Llys Prifysgol Cymru gael lleisio ei farn, gan fynegi gofid ynglŷn â'r gwahaniaethau a oedd wedi dod i'r amlwg rhwng y Coleg a'r myfyrwyr, a'i obaith y gellid datrys y problemau 'through a positive approach towards the Welsh language' a hefyd weithredu 'an official College bilingual policy' ym mhob un o golegau cyfansoddol y Brifysgol ffederal.[8]

Os oedd arweinwyr y Coleg wedi gobeithio y byddai ymgyrch y myfyrwyr yn chwythu ei phlwc, cawsant eu siomi. Cynyddodd y gwrthdaro drwy gydol 1978, gyda nifer o wrthdystiadau ar draws y campws. Yn Chwefror ymyrrwyd â chloeon y drysau yng 'nghoridor yr athrawon' yn y Prif Adeilad; yn ogystal ceisiwyd tagu switsfwrdd y Coleg gyda galwadau niferus. Hefyd aeth rhai i mewn i'r swyddfa llety myfyrwyr a mynd â dogfennau oddi yno; galwyd yr heddlu ar yr achlysur hwn ac ymddangosodd tri myfyriwr yn y llys yn ddiweddarach, er i'r barnwr gyfarwyddo'r rheithgor i'w cael yn 'ddi-euog'.

Yn Nhachwedd 1978 rhoddwyd ymgyrch boster 'Dim Ehangu' rymus ar y gweill gan fyfyrwyr. Unwaith yn rhagor caewyd y fynedfa i faes parcio'r prif gwadrangl a gollyngwyd bomiau mwg ger y Prif Adeilad. Cynhaliwyd gwrthdystiad yn y Llyfrgell ar 16 Tachwedd. Ymatebodd awdurdodau'r Coleg fel y gwnaethant ar adegau blaenorol. Dygwyd pedwar o fyfyrwyr Cymraeg o flaen Bwrdd Disgyblu a phrofwyd cyhuddiadau o gamymddwyn yn erbyn tri ohonynt. Arweiniodd hyn at y gwrthdaro mwyaf difrifol a welwyd erioed yn y Coleg Prifysgol. Ar 11 Rhagfyr 1978, meddiannodd myfyrwyr y Gofrestrfa Acadmaidd a rhannau o adeilad newydd y Celfyddydau. Ni ellid cynnal darlithoedd a bu'n rhaid adleoli dros dro nifer sylweddol o staff gweinyddol. Bu cryn gythrwfl ac roedd llawer o aelodau staff yn dal eu hanadl. Ceisiodd y Coleg Prifysgol orchymyn llys yn syth i adfeddiannu'r adeilad. Pan orfodwyd y myfyrwyr, ar ôl nifer o ddyddiau, i adael yr adeilad, gwelwyd bod rhai miloedd o ffeiliau personol myfyrwyr wedi cael eu cymryd o'r Gofrestrfa Academaidd, ynghyd â rhai ffurflenni cais UCCA a dogfennau eraill. Hysbyswyd yr heddlu; llwyddwyd trwy wahanol ddulliau i wybod pwy oedd rhai o'r myfyrwyr a fu'n gyfrifol a dygwyd cyhuddiadau disgyblaethol yn erbyn deg ohonynt. Pan gynhaliwyd yr achosion disgyblu, cafodd nifer o fyfyrwyr waharddiadau o 20 mis mewn gwirionedd: ni allent ddychwelyd i'r Coleg tan fis Hydref 1980. Cyflwynwyd apeliadau a chynhaliwyd sawl ymgyrch – yn cynnwys cerdded i mewn i gyfarfod o Lys y Coleg – i gefnogi'r myfyrwyr gwaharddedig. At ei gilydd, roedd Bwrdd Apêl y Senedd – a gyfarfu ar sawl achlysur yn nechrau 1979 – yn amharod i ildio dim.

Erbyn hyn roedd teimladau tanbaid ar bob ochr. Yn ddi-os roedd rheoliadau'r Coleg wedi cael eu torri'n enbyd ac roedd arweinwyr y sefydliad yn wironeddol bryderus ynglŷn â'r sefyllfa a maint a grym protestiadau'r myfyrwyr. Roedd rhai academyddion uwch ar y Senedd wedi'u cynddeiriogi gan weithgareddau'r myfyrwyr. Yn Ionawr 1979, ysgrifennodd y Prifathro at yr holl staff yn egluro'r sefyllfa ac yn eu hannog i beidio â thalu'r pwyth yn ôl trwy unrhyw weithredu corfforol.[9] Mynegodd staff anghadeiriol hefyd eu pryder ynglŷn â'r 'use of disruptive tactics'.[10] Ond roedd croeslifau hefyd yn dod i'r amlwg. Roedd nifer o academyddion a staff gweinyddol yn cydymdeimlo ag achos y myfyrwyr hyd yn oed os nad oeddent, efallai, yn cymeradwyo'r dulliau a ddefnyddient. Roedd Cylch y Darlithwyr Cymraeg eisiau cael mwy o drafod a chyfathrebu â'r myfyrwyr Cymraeg, a oedd wedi ffurfio Undeb Myfyrwyr Colegau Bangor (UMCB). Yn wir, yn ystod y cyfnod hwn bu cryn straen ar gyfeillgarwch maith ac agos rhwng academyddion uwch a ddigwyddai fod yn coleddu gwahanol safbwyntiau yn yr anghydfod hwn. Siaradodd rhai aelodau o Lys y Coleg hefyd o blaid achos y protestwyr: yn Rhagfyr 1978, mynegodd y Llys yn swyddogol bryder ynglŷn â'r polisi o ehangu.[11]

Ceisiodd Bedwyr Lewis Jones, Athro'r Gymraeg a Phennaeth yr Adran lle'r astudiai nifer o'r myfyrwyr a brotestiai, liniaru'r tensiwn. Mewn llythyr preifat at Syr Charles Evans, ceisiodd berswadio'r Prifathro i dymheru ei agwedd ddigymrodedd a cheisio deall safbwynt y myfyrwyr. Roedd yn ddiflewyn ar dafod ei feirniadaeth o arweinyddiaeth y Coleg: mewn cyfarfodydd o'r Llys, dywedodd wrth Syr Charles, 'mae yna ddiffyg cytgord rhwng y llwyfan a'r llawr. Mae llawer gormod o faterion yn mynd yn wrthdrawiadau.'[12] Ni chytunai â defnyddio grym, ond pwysodd am i UMCB gael ei gydnabod fel un o sefydliadau'r myfyrwyr a chael gwell cyfathrebu rhwng y Coleg a'r myfyrwyr. Prin fu'r diolch a gafodd Athro'r Gymraeg am ei ymdrechion. Ymosodwyd arno'n fileinig gan rai myfyrwyr yr oedd wedi ceisio eu helpu – sefyllfa â'i brifodd yn fawr – ac ni wnaeth y Prifathro gyfaddawdu dim ar ei safbwynt. Dechreuodd rhwygiadau ymddangos hefyd ymysg y myfyrwyr. Condemniwyd y gweithgareddau aflonyddol a oedd wedi digwydd gan Undeb y Myfyrwyr, sef y corff cydnabyddedig a'u cynrychiolai.[13] Hyd yn oed ymysg myfyrwyr Cymraeg roedd rhai a deimlai fod rhai protestwyr wedi mynd yn rhy bell. Roedd Llywydd Plaid Cymru, Gwynfor Evans, yn gynyddol bryderus ynglŷn â'r sefyllfa ym Mangor ac agwedd rhai o'r myfyrwyr yno, ac ysgrifennodd at un o'r ymgyrchwyr.[14]

Nid oedd safbwynt swyddogol y Coleg Prifysgol yn destun syndod mewn gwirionedd. Yng ngolwg y Prifathro 'fanatical militants' oedd y myfyrwyr a brotestiai,[15] a dylid dod â hwy i gyfraith. Nid oedd arweinyddiaeth y Coleg wedi newid fawr ddim yn ei hanfod ers deisebau cyntaf Cymdeithas y Cymric yn nechrau a chanol y 1960au.

Roedd y Llywydd, yr Arglwydd Kenyon, a'r Prifathro, Syr Charles Evans, yn dal wrth y llyw, er bod Eric Hughes wedi olynu Kenneth Lawrence fel Cofrestrydd ym 1974. Yr Is-Brifathro er 1974 oedd J. Gwynn Williams, Athro Hanes Cymru, a lladmerydd cadarn dros bolisïau dwyieithog ac astudio trwy gyfrwng y Gymraeg. Wrth i'r gwrthdaro rhwng y myfyrwyr ac awdurdodau'r Coleg ddwysáu, cafodd Gwynn Williams ei hun yn y sefyllfa hynod anodd o fod yn swyddog disgyblaethol y Brifysgol. Cyflawnodd ei ddyletswydd o gyflwyno'r achosion yn erbyn y myfyrwyr a gyhuddwyd ac roedd o'r farn bendant, gan fod rheoliadau wedi eu torri, y dylai myfyrwyr a geid yn euog o hynny gael eu cosbi. Fodd bynnag, roedd yn an-esmwyth gyda llymder y cosbau a roddwyd gan y Bwrdd Disgyblu. Ysgrifennodd yn breifat at Syr Charles Evans i fynegi ei siom fawr gyda phenderfyniadau'r Bwrdd Apêl yn Chwefror 1979. 'The Appeal Board was immovable,' protestiodd, 'and this only two days after the College had been charged with the task of healing and settling.' Ni allai'r dedfrydau, dadleuodd, 'command the assent of moderate opinion'.[16] Serch hynny, bu Gwynn Williams ei hun hefyd yn wrthrych beirniadaeth rhai aelodau staff.

Cyn hynny, roedd Bedwyr Lewis Jones wedi ceisio tymheru agwedd y Bwrdd Apêl. Yn Chwefror, ysgrifennodd at y Bwrdd – a oedd yn cynnwys llawer o'i gydweithwyr academaidd ar y Senedd – gan bledio ar i'r myfyrwyr a waharddwyd gael dychwelyd yn Hydref 1979 yn hytrach na Hydref 1980. Roedd rhai o'r cosbau yn ei farn ef yn 'eithriadol lym'.[17] Ar ôl i'r apeliadau gael eu gwrthod parhaodd y dadleuon i ennyn dicter. Yn ystod noson 3–4 Mawrth 1979, achoswyd difrod sylweddol i gatalog a chofnodion y Llyfrgell. Yn Ebrill, ysgrifennodd Bedwyr Lewis Jones drachefn at y Prifathro i gefnogi'r myfyrwyr a waharddwyd yn wreiddiol, gan gynnwys llofnodion myfyrwyr a staff yn ei adran a oedd o farn gyffelyb. Er i Syr Charles Evans roi gwybod i'r Cyngor a'r Senedd am fodolaeth y llythyr, nid oedd yn fodlon ildio dim: 'I am sorry that your Department takes this attitude,' oedd ei unig ymateb.[18]

Mewn gwirionedd, erbyn yr adeg honno, daethpwyd i'r cyfwng mwyaf amhleserus – a thyngedfennol hefyd – yn yr hanes hwn. Roedd yr Is-Brifathro, Gwynn Williams, wedi mynd yn gynyddol bryderus ynglŷn ag agweddau allweddol ar yr anghydfod: natur fympwyol y dystiolaeth yn yr ychydig achosion a ddygwyd gerbron y Bwrdd Disgyblu; llymder y cosbau a roddwyd; ac amharodrwydd y Bwrdd Apêl i bob pwrpas i ystyried unrhyw ffactorau lliniarol. Ym mis Mawrth, gofynnodd J. Gwynn Williams am gael ei esgusodi o'i ddyletswyddau fel Is-Brifathro a oedd yn ymwneud â disgyblaeth myfyrwyr. Roedd yn fodlon parhau â dyletswyddau eraill fel Is-Brifathro, ac roedd yn ymwybodol wrth gwrs bod yna ail Is-Brifathro, Ian Stephenson, Athro Peirianneg Electronig, a allai fod yn barod i gymryd y swyddogaeth ddisgyblaethol. Nid oedd y dadleuon hyn i'w gweld yn cael unrhyw ddylanwad ar y Prifathro. Dair wythnos yn ddiweddarach, mewn sgwrs gwta yng nghar Syr Charles Evans yn y maes parcio, dywedodd y Prifathro os na allai Gwynn Williams gyflawni ei ddyletswyddau disgyblaethol na allai barhau mwyach yn Is-Brifathro.[19] Felly, ymddiswyddodd J. Gwynn Williams fel Is-Brifathro ac eglurodd ei safbwynt mewn llythyr i'r Cyngor ar 18 Ebrill 1979. Fe'i gorffennodd trwy fynegi gobaith y byddai rhai o safbwyntiau cymedrol yn ei chael yn haws nag y gwnaethai ef 'to build bridges in this College'.[20] Derbyniodd y Cyngor ei ymddiswyddiad 'â gofid' gan fynegi 'hyder llwyr' yn y ffordd roedd wedi cyflawni ei ddyletswyddau.[21] (Byddai'n ddychwelyd i'r Cyngor rai blynyddoedd yn ddiweddarach gan ddod yn Is-Lywydd.)

Roedd hyn yn gryn ddrama yn wir. Ym mhoethder y gwrthdaro â chartan o'r myfyrwyr, roedd aelod amlwg o'r Brifysgol, yr Is-Brifathro, wedi ymddiswyddo, a hynny mewn gwirionedd ynglŷn â'r ffordd roedd myfyrwyr yn cael eu trin. Nid dyn byrbwyll nac ymfflamychol oedd Gwynn Williams, ysgolhaig gofalus a feddyliai'n ddwfn am le'r Coleg mewn hanes. Cyn hynny, nid oedd erioed wedi ymddiswyddo o unrhyw gorff. 'I do so now only because I must,' ysgrifennodd yn breifat at gydweithiwr.[22] Erbyn hyn roedd yr aflonyddwch yn y Coleg Prifysgol ar dudalennau blaen y papurau – rhai Prydeinig yn ogystal â Chymreig – bron yn ddyddiol ac yn cael lle amlwg a chyson ar fwletinau newyddion radio a theledu. Lleisiwyd pryderon yn gyhoeddus gan gynghorwyr lleol a gwleidyddion San Steffan fel ei gilydd. At ddiwedd 1979, gwnaed ymgais i ddatrys y sefyllfa gan y Fonesig Eirene White, cyn aelod seneddol a merch i Thomas Jones (cyfaill mynwesol i Lloyd George). Rhoddodd hi a Wallis Evans gynnig gerbron Llys Prifysgol Cymru, yn gofyn i

Ddirprwy-Ganghellor y Brifysgol ffederal, yr Arglwydd Edmund-Davies, ymyrryd yn y Coleg a thrafod mesurau 'i liniaru'r anniddigrwydd presennol'.[23] Roedd J. Gwynn Williams yn deall eu pryder ond gwelai na fyddai hyn yn gam cyfansoddiadol cywir.[24] Mewn gwirionedd, gwrthod gweithredu yn ddigon priodol wnaeth yr Arglwydd Edmund-Davies. Yn y cyfamser, roedd y brwydro benben rhwng awdurdodau'r Coleg a'r myfyrwyr yn parhau, gyda gorymdeithiau, paentio sloganau ar adeiladau a rhwystro mynediad i feysydd parcio wedi dod yn rhan arferol o fywyd y campws i bob golwg.

Er gwaethaf misoedd lawer o gynnwrf, rhaid dweud i lawer o waith beunyddiol y Coleg barhau'n ddi-dor. Roedd niferoedd myfyrwyr yn dal yn uchel, gyda dros 3,000 i gyd rhwng 1976 a 1979 (er iddynt ostwng ym 1979/80). Ymdrechodd adrannau academaidd i ganolbwyntio ar eu disgyblaeth ac anghenion myfyrwyr a gwnaed rhai penderfyniadau pwysig. Ym 1978/9 penodwyd Michael Anderson i'r Gadair Ddrama. Mewn Peirianneg Electronig, sefydlwyd rhaglen M.Eng. arloesol ar ôl i'r Coleg Prifysgol gael ei ddewis gan GEC-Marconi Electronics a Ferranti Cyf. fel y sefydliad yng Nghymru lle dymunent gefnogi datblygiad o'r fath. Gwnaed penodiadau cadeiriol eraill – megis Iolo Wyn Williams (Addysg), Roy King (Theori a Sefydliadau Cymdeithasol), Geoffrey Hunter (Athroniaeth) a Martin Smith (Clasuron), tra daeth Alwyn Roberts, gynt o'r Adran Theori a Sefydliadau Cymdeithasol, yn Gyfarwyddwr Efrydiau Allanol i olynu Alun Llywelyn-Williams. Ym 1979, gallai Coleg Prifysgol Gogledd Cymru ymhyfrydu bod ganddo 5 Cymrawd y Gymdeithas Frenhinol ymysg yr 16 o Athrawon y gwyddorau – cyfran syfrdanol o uchel: John Harper, Jimmy Dodd, Dennis Crisp, Tony Fogg a W. Charles Evans. Ym 1980/1, enillodd Wlliam Mathias, yr Athro Cerddoriaeth, fri rhyngwladol sylweddol pan gafodd wahoddiad i gyfansoddi cerddoriaeth ar gyfer priodas Tywysog a Thywysoges Cymru.

Serch hynny, roedd problemau'n crynhoi ar bob tu. Roedd sefyllfa ariannol y Coleg yn arbennig wedi bod yn gwanhau'n amlwg. Ym 1979, cyfaddefodd Syr Charles Evans 'we are struggling to maintain our standards of work in the face of grave financial shortage'.[25] Cofnodwyd diffygion ariannol ym mhob un o'r tair blynedd o 1977/8. Roedd yn ymddangos bod llywodraeth Geidwadol y dydd â'i bryd ar dynhau'r ffrwyn ar brifysgolion. Roedd y cymylau'n crynhoi uwchben y sector addysg uwch a dechreuwyd llunio cynlluniau ar gyfer ymddeoliadau cynnar. Ym Mehefin 1981, ymwelodd Syr Edward Parkes, cadeirydd yr UGC, â Bangor gan rybuddio'r sefydliad na fyddai'n 'dianc rhag y toriadau ariannol oedd i ddod'.[26] Fis yn ddiweddarach syrthiodd bwyell yr UGC. Cyhoeddwyd gostyngiad o 18 y cant ar gyfartaledd yng nghyllidebau prifysgolion drwy Brydain. I Fangor, gyda'i broblemau gwleidyddol a rheolaethol eraill, roedd yn newyddion digalon a dweud y lleiaf. Roedd grant y Coleg ar gyfer y tair blynedd nesaf yn awgrymu y byddai diffyg o bron £2 filiwn (mewn cyfanswm gwariant o tua £13 miliwn) pe na weithredid i unioni'r sefyllfa. Gobeithiai Syr Charles Evans y gellid cael ymddeoliadau gwirfoddol, ond nododd y gallai diswyddiadau fod yn anorfod. 'The prospect is dark,' ysgrifennodd, 'but it is not hopeless provided we steel ourselves to accept hardships.'[27]

Hyd yn oed cyn derbyn llythyr tyngedfennol yr UGC yng Ngorffennaf 1981, roedd y sefyllfa wleidyddol yn y Coleg wedi cyrraedd ei phenllanw. Ar 13 Ebrill 1981 llofnododd 14 o academyddion uwch (12 athro a 2 bennaeth adran arall) lythyr at y Llywydd, yr Arglwydd Kenyon, yn haeru na allai'r Prifathro bellach 'gario'r baich' o arwain y sefydliad. 'There is a widespread feeling at the moment', meddent, 'that we are drifting into very perilous waters without any clear sense of purpose and direction.'[28] Cafwyd datganiad ysgrifenedig hefyd gan y staff anghadeiriol yn mynegi eu pryder ynglŷn â'r arweinyddiaeth bresennol.[29]

Roedd Syr Charles Evans wedi bod yn gaeth i gadair olwyn ers amser maith. Ni allai deithio rhyw lawer (a barodd sylwadau ynglŷn â'i ddiffyg presenoldeb mewn cyfarfodydd i ffwrdd o Fangor) ac fe'i gwelid yn llai aml yn y Coleg nag mewn blynyddoedd blaenorol. Golygai ei salwch fod ei gryfder corfforol yn dirywio'n anochel ac, yn ddi-os erbyn diwedd y 1970au, teimlai faich a phwys ei swydd yn gwasgu'n gynyddol arno. Yng nghanol y problemau gyda'r myfyrwyr, yn Ionawr 1979, gwrthododd wahoddiad gan ei hen ffrind Anne McCandless i ddod i barti, gan addef yn gyfrinachol 'anything like that now takes me an awful lot of time and arrangement'. 'If I look at an old diary,' meddai ymhellach, 'I am shaken by how much I could once do in a day compared with even ten years ago – and I certainly haven't speeded up in the last ten years.'[30] Dioddefai ymosodiadau'n gynyddol o sawl tu, er mai anaml yr ymatebai yn rymus ac anaml chwaith y newidiai ei safbwynt. Glynodd yn ddiwyro wrth y farn mai'r hyn roedd y Coleg yn ei wynebu oedd 'wanton efforts at disruption by small groups of misguided people'.[31] I lawer, fodd bynnag, roedd ei rinweddau cynharach – penderfyniad a dewrder – yn dod i gael eu hystyried fwyfwy fel anhyblygrwydd a phengaledwch.

Roedd yr Arglwydd Kenyon yn amlwg bryderus ynglŷn â'r sefyllfa fel ag yr oedd, ac ymgynghorodd â'i Is-Lywyddion, O. V. Jones a Syr Elwyn Jones. Nid oedd sefyllfa'r Llywydd ei hun yn rhy gadarn chwaith. Yn Chwefror 1981, gwnaed ymgais yn y Cyngor i'w ethol yn Gadeirydd y Cyngor am un cyfarfod yn unig; fel y bu, fe'i hetholwyd am y flwyddyn, ond fe'i gwnaeth Kenyon yn glir y byddai'n ildio pe bai'r Cyngor yn dymuno cael rhywun yn ei le.[32] Ei ymateb i'r llythyr gan y 14 academydd oedd gwahodd J. Gwynn Williams, y cyn Is-Brifathro ac un o'r llofnodwyr, i drefnu cyfarfod cyfrinachol rhwng y Llywydd, yr Is-Lywyddion a'r staff uwch a oedd wedi ysgrifennu ato. Pan gynhaliwyd y cyfarfod ym Mehefin 1981, ni wnaeth yr academyddion hel dail o gwbl: roedd arnynt eisiau 'a leader of vision, energy and enthusiasm to pilot the College through this crucial transitional period'.[33] Penderfynodd yr Arglwydd Kenyon fynd i weld y Prifathro ar unwaith i roi gwybod iddo beth oedd y safbwyntiau a fynegwyd. O fewn ychydig ddyddiau, adroddodd fel a ganlyn: 'it is not Sir Charles's intention to make any statement of his future at this moment in time.'[34]

Yn dilyn y cyfarfod â'r Llywydd, dwysaodd y 14 o aelodau staff uwch eu hymgyrch. Ar 9 Mehefin, fe wnaethant anfon llythyr plaen at holl aelodau'r Senedd yn egluro pam yr oeddent wedi gweithredu fel hyn. Roeddent o'r farn y dylai'r Prifathro gael ei berswadio i ymddeol,[35] gan nodi nad oedd mewn cysylltiad gwaith o ddydd i ddydd bellach ag adrannau academaidd a staff. Ni ellid cuddio cryfder y teimladau ar y mater hwn a daeth yn amlwg iawn mewn cyfarfod tra phwysig o'r Cyngor yn ddiweddarach y mis hwnnw. Ar 24 Mehefin 1981, rhoddwyd dau gynnig gerbron y Cyngor: roedd un, uwchben llofnodion rhai o aelodau lleyg y Cyngor, ac wedi'i eirio mewn cyd-destun cyffredinol, yn gofyn i'r Prifathro 'ystyried ei sefyllfa bersonol' o weld enbydrwydd yr argyfwng a wynebai addysg uwch; mynnai'r ail yn blaen nad oedd Syr Charles Evans yn 'gallu cyflawni ei ddyletswyddau'n ddigonol.'[36] Llofnodwyd y cynnig hwn gan rai o'r athrawon a chan rai staff anghadeiriol. Wedi trafodaeth lawn tensiwn, pasiwyd cynnig yr aelodau lleyg o 25 pleidlais i 18 a gofynnodd y Cyngor yn ffurfiol i'r Prifathro ystyried ei sefyllfa. Ni roddwyd yr ail gynnig gerbron y Cyngor wedi hynny.

Roedd hwn yn gam dwys, ac roedd y Coleg Prifysgol ynghanol argyfwng yng ngwir ystyr y gair erbyn hyn. Roedd Syr Charles Evans yn ddicllon ynglŷn â'r ffordd roedd pethau wedi digwydd. Gresynai'n enbyd bod cydweithwyr uwch wedi cynnal trafodaethau y tu ôl i ddrysau caeedig a bod gwybodaeth wedi cael ei rhyddhau i'r wasg. Nid oedd yn gwbl amddifad o gefnogaeth chwaith. Yng Ngorffennaf, ysgrifennodd yr Is-Brifathrawon, Ian Stephenson a Jack Revell (ynghyd â'r darpar Is-Brifathro, Geoff Sagar) at gydweithwyr academaidd yn eu hannog i gefnogi'r Prifathro. Yn Awst 1981, fe wnaeth grŵp arall o staff academaidd uwch (yn cynnwys 14 o Athrawon eraill, Deon a dau Bennaeth Adran) ysgrifennu at yr Arglwydd Kenyon i gefnogi Syr Charles Evans. 'We believe that it is in the best interests of the College for the Principal to remain at our head, and for the College to be united behind him.'[37]

Roedd Syr Charles Evans yn awr yn wynebu beirniadaeth ac anawsterau ar lefel nas gwelwyd ei thebyg o'r blaen. Ond roedd wedi wynebu trafferthion ers llawer blwyddyn, a hyd yn oed yn 63 oed nid oedd yn ddyn i roi'r ffidil yn y to ar chwarae bach. Yn Hydref 1981, rhoddodd ei ymateb i'r Cyngor: ni fyddai'n ymddiswyddo nac yn ymddeol. Gresynai ynglŷn â 'natur dan-dîn' yr ymgyrch yn ei erbyn a'r sefyllfa yr oedd y Coleg Prifysgol ynddi – 'a state of affairs which would be made worse by me giving in'. 'I can assure the Council', meddai wrth derfynu, 'that I shall retire when the time is right.'[38] Ac mewn neges danllyd o heriol dyfynnodd o *Samson Agonistes* gan Milton: 'My heels are fetterd, but my fist is free.'[39] 'Derbyniwyd' y datganiad gan y Cyngor.[40]

Am gyfnod byr, hawliwyd y llwyfan gan y sefyllfa ariannol enbydus a'r cynllun ymddeol cynnar. Roedd yr UGC wedi gorchymyn gostyngiad sylweddol yn nifer myfyrwyr ym Mangor ac wedi argymell trafodaethau ar ad-drefnu pynciau yng Nghymru. Gan weithredu mewn ffordd na ellir ei hystyried ond fel ymyrraeth amlwg, dadleuodd yr UGC o blaid trosglwyddo Ystadegau a Chyfrifiadureg i Aberystwyth, gyda chyrsiau Mathemateg Gymhwysol i ddod oddi yno i Fangor. Teimlai Syr Charles Evans fod Bangor wedi cael ei thrin yn llym a phrotestiodd ynglŷn â'r gostyngiad yn niferoedd myfyrwyr. 'I do feel that Bangor has been relatively hard hit,' meddai wrth Gadeirydd yr UGC.[41] Ym Mai 1982, lliniarodd yr UGC yr ergyd rhyw gymaint drwy gytuno i ganiatáu cynnydd o 60 yn y gwyddorau, ond prin yr esmwythaodd hynny ar enbydrwydd sefyllfa'r Coleg.

Erbyn hydref 1981, roedd y cynlluniau i gael gwared â staff wedi symud ymlaen yn sylweddol. Dan y drefn a ddefnyddiwyd, caniatawyd i bron bob aelod staff a ddymunai ymddeol wneud hynny, a chafwyd cefnogaeth yr UGC i ddarparu iawndal hael iddynt. Erbyn Medi 1982, roedd tua 70 o staff wedi cytuno i adael, llawer ohonynt yn academyddion a swyddogion profiadol a dylanwadol. Roeddent yn cynnwys chwe Athro, y Llyfrgellydd Glyn Heywood, y Cyfrifydd Joe Cherry a Howard Slade, y Swyddog Adeiladau. Y flwyddyn wedyn, ymddeolodd saith Athro arall. Erbyn 1984, roedd 128 o staff wedi gadael. Collwyd llu o staff uwch a phrofiadol ond bu'n gymorth i atal trychineb ariannol.

Wyth mis ar ôl ei ddatganiad i'r Cyngor, ym Mehefin 1982, cyhoeddodd Syr Charles ei fwriad i ymddeol ym Medi 1984.[42] Mewn gwirionedd, golygai hyn y byddai'n parhau yn ei swydd tan bron flwyddyn ar ôl ei ben blwydd yn 65 – sef yr adeg y byddai'n ofynnol iddo ymddeol. Yn Hydref 1982, cafodd yr Arglwydd Kenyon ei wthio allan i bob pwrpas. Fe'i henwebwyd i'w ailethol yn Llywydd gan Syr Charles Evans a phedwar cydweithiwr; fodd bynnag, rhoddwyd enw arall gerbron – Syr William Mars-Jones. Yn y bleidlais ddilynol, Syr William a gafodd y nifer mwyaf o bleidleisiau. Ddeufis yn ddiweddarach, felly, gollyngodd yr Arglwydd Kenyon ei afael ar y Llywyddiaeth ar ôl 35 mlynedd, ar ôl dangos ym marn y Prifathro – ac eraill – 'the finest qualities expected of that office'.[43] Ym 1983, ymddeolodd Eric Hughes, Cofrestrydd ffyddlon ac uchel ei barch na hoffai'r awyrgylch chwerw a oedd wedi datblygu yn y Coleg. Yn araf, ond yn sicr, roedd swyddogion hŷn y Coleg Prifysgol yn gadael y llwyfan.

Nid oedd y dadlau ynglŷn â rheolaeth y Coleg drosodd eto chwaith oherwydd torrodd storm enbyd arall pan wrthododd y

Cyngor gadarnhau penodi Cofrestrydd di-Gymraeg. Yn wreiddiol cyfwelwyd wyth ymgeisydd am y swydd ym Mai 1982 ond teimlai'r pwyllgor dewis na allai argymell ymgeisydd i'w benodi. Yn Ionawr 1983 ailhysbysebwyd y swydd ac aeth y pwyllgor dewis, dan arweiniad Cadeirydd newydd y Cyngor, O. V. Jones, ati i gyfweld 13 o ymgeiswyr (yn cynnwys chwech a siaradai Gymraeg). Ym Mawrth 1983, argymhellodd y pwyllgor benodi Frederick Smyth, a oedd ar y pryd yn Gofrestrydd ac Is-Ysgrifennydd yn Stirling ac yn ddi-Gymraeg. Gorfododd 13 o aelodau'r Cyngor i gyfarfod arbennig gael ei gynnal i drafod yr argymhelliad ac, o 29 o bleidleisiau i 12, penderfynodd y Cyngor beidio â mynd ymlaen â'r penodiad, gan gytuno y byddai'n fwy priodol disgwyl nes byddai Prifathro newydd wedi cael ei benodi.[44]

Roedd y Cyngor wedi penodi Cofrestrydd Dros Dro, Gwyn R. Thomas, yn Rhagfyr 1982, ac fe'i cadarnhawyd yn y swydd yn ddiweddarach. Roedd grym i'r ddadl y dylid penodi Prifathro i ddechrau, ond cynddeiriogwyd rhai ffigurau amlwg gan benderfyniad y Cyngor i wrthod argymhelliad y pwyllgor dewis a rhoddwyd y Prifathro a Chadeirydd y Cyngor mewn sefyllfa letchwith tu hwnt. Cyhoeddodd y Cadeirydd, O. V. Jones, y byddai'n rhaid iddo adolygu ei sefyllfa bersonol, er y llwyddwyd i'w berswadio'n ddiweddarach i beidio ag ymddiswyddo. Ond roedd yn wrthdrawiad arall eto ac wrth wraidd hyn i gyd roedd agwedd y Coleg Prifysgol tuag at yr iaith Gymraeg.

Dyddiau tywyll a chynhennus oedd y rhain, y duaf yn holl hanes y Brifysgol. Yn wir amheuai llawer yn niwedd y 1970au a dechrau'r 1980au a fyddai Coleg Prifysgol Gogledd Cymru yn goroesi o gwbl. Hyd yn oed chwarter canrif yn ddiweddarach, mae atgofion am ddigwyddiadau 1978–84 yn gallu cynhyrchu teimladau cryfion a chwerwedd. Roedd y sefyllfa'n rhy gymhleth a dadleuol i ganiatáu asesiad tawel a gwrthrychol ohoni. Fwy na thebyg, o ystyried cywair polisi cyhoeddus Prydain ar brifysgolion ac addysg uwch yn y blynyddoedd hynny, bod ehangu'r Coleg Prifysgol yn anochel. Ond yr hyn a allai fod wedi bod yn wahanol ym Mangor oedd yr agwedd at hunaniaeth Gymreig, yr iaith a'r diwylliant. Erbyn canol y 1970au, fodd bynnag, roedd yr adeg pan fyddai wedi bod yn bosibl cael dealltwriaeth a chydsynio ar y mater hwn wedi mynd heibio.

Gyda dull gweithredu mwy hyblyg yn gynharach – ddechrau'r 1960au dyweder – gellid efallai fod wedi osgoi'r cythrwfl gwaethaf. Yr hyn sy'n sicr i bob golwg yw y niweidiwyd delwedd ac enw da'r Coleg Prifysgol yn ddifrifol; hefyd ni fyddai datblygiad polisïau dwyieithog mwy cynhwysfawr o ganol y 1980au ymlaen wedi cael ei wireddu pe na bai'r brwydrau dros yr iaith wedi digwydd.

Felly, ar ôl dros chwarter canrif – cyfnod y treuliodd lawer ohono mewn cadair olwyn – daeth Prifathrawiaeth Syr Charles Evans i ddiwedd chwerw a chwynfanllyd. Roedd yna gydweithwyr a'i cefnogodd yn ddiwyro i'r diwedd: roedd y Coleg Prifysgol wedi tyfu'n amlwg ac wedi rhoi cychwyn ar lawer o ddatblygiadau newydd yn ystod ei gyfnod yn y swydd. Cafwyd llwyddiannau academaidd nid ansylweddol. I eraill roedd wedi dangos dihidrwydd oeraidd at yr iaith Gymraeg a'r diwylliant Cymreig ac ni chredent ei fod yn addas ar gyfer gofynion rheoli prifysgol fodern. Yn breifat, gallai ddangos cwrteisi a dynoliaeth gynnes tuag at rai mewn sefyllfa anodd; er enghraifft, ymgeiswyr aflwyddiannus am swyddi. Ar y llaw arall, gallai ymddangos yn hynod ddi-hid o deimladau eraill. Dangosodd wyleidd-dra, gan wrthod cynigion gan awduron a ddymunai ysgrifennu cofiant iddo: 'although I've had an enjoyable life, I hardly think it would serve as an inspiration to anyone,' ysgrifennodd ym 1975.[45] Ond ar yr ochr arall, gallai hefyd fod yn unbeniaethol a di-ildio. Ychydig oedd ganddo i'w ddweud wrth agweddau cymdeithasol bywyd campws, ac ymddangosai'n anghyfforddus wrth geisio meithrin y cysylltiadau gwleidyddol a phersonol a ddeuai'n gynyddol angenrheidiol i hyrwyddo datblygiad y sefydliad.

Caniatawyd dau fis o absenoldeb i Syr Charles ac ymddeolodd i bob pwrpas yng Ngorffennaf 1984. Cyfarfu â'i olynydd, ond ni wnaeth unrhyw ymgais i'w gyfarwyddo na'i arwain i unrhyw gyfeiriad. Yn ei gyfarfod olaf o'r Cyngor, ym Mehefin 1984, cofnododd y Cyngor, mewn ffordd ddigon swta, 'ei ddiolch i Syr Charles Evans am ei wasanaeth maith fel Prifathro'.[46] (Ym mis Hydref, ar ôl iddo adael, cofnododd y Cyngor deyrnged ychydig helaethach iddo.) Treuliodd ei ddiwrnod olaf yn y swydd ym Mryn Haul, cartref y Prifathro. Galwodd un neu ddau o uwch swyddogion gweinyddol y Coleg a chydweithwyr agos i ddymuno'n dda iddo. Wythnosau'n unig cyn i Goleg Prifysgol Gogledd Cymru ddathlu ei ganmlwyddiant, gadawodd Syr Charles Evans ei swydd ac ni fu unrhyw gysylltiad drachefn rhyngddo a'r Coleg Prifysgol y bu'n bennaeth arno am 26 blynedd.

7

'Rwy'n sicr mai gweithredu'n radical sy'n iawn'
Ymateb i Newid, 1984–2009

Roedd 1984, ar fwy nag un ystyr, yn groesffordd allweddol bwysig yn hanes Coleg Prifysgol Gogledd Cymru. Hon, yn anad dim, oedd blwyddyn canmlwyddiant y sefydliad, a bu o gymorth i chwalu'r cymylau a rhoi cyfle i anadlu drachefn. Cafwyd dathliadau ffurfiol yn Hydref 1984 – yn cynnwys gorymdaith at weddillion y Penrhyn Arms, a chyflwyno brysgyll trawiadol i'r Coleg Prifysgol gan Gymdeithas y Cyn Fyfyrwyr. Hefyd lansiwyd apêl newydd, a hwyluswyd drwy sefydlu Ymddiriedolaeth Ddatblygu. Cafwyd digwyddiadau cymdeithasol yn ogystal, yn cynnwys te staff, a fu'n help i gau briwiau a phontio gwahaniaethau. Ar lawer ystyr, llwyddodd dathliadau'r canmlwyddiant i dynnu llinell dan y gorffennol.

Yn bwysicaf oll, wrth gwrs, oedd y newid a gafwyd yn arweinyddiaeth y Coleg Prifysgol. Yn wir, roedd y Prifathro newydd, Eric Sunderland – a oedd wedi bod yn Athro Anthropoleg yn Durham am 13 blynedd ac yn Ddirprwy-Is-Ganghellor am bump – wedi bod yn ddigon cymysg ei deimladau ynglŷn â'r swydd pan gafodd ei hysbysebu gyntaf. Roedd ei deulu wedi ymgartrefu yn Durham – er yr holwyd ar adegau a fyddai ganddo ddiddordeb mewn gwahanol swyddi yn Rhydychen – a phrin oedd ei wybodaeth uniongyrchol am

Fangor na'r digwyddiadau cythryblus a fu yno'n ddiweddar. Serch hynny, roedd yn Gymro: hanai o Rydaman ac roedd ganddo ef a'i wraig berthnasau agos yn ne Cymru.[1] Ar ôl yr hyn a ymddangosai'n broses benodi ddigon anarferol, derbyniodd yr her a dechreuodd yn ei swydd ychydig wythnosau'n unig cyn y dathliadau canmlwyddiant swyddogol.

Roedd y Coleg Prifysgol wedi gwneud dewis craff. Roedd Eric Sunderland yn ymddangos yn wrthgyferbyniad llwyr i Syr Charles Evans. Roedd ganddo brofiad academaidd a gweinyddol helaeth a bu'n gweithio'n ddi-dor yn Durham er 1958. Daeth yn Bennaeth Adran yno gan godi i swydd Dirprwy-Is-Ganghellor. Yn siaradwr Cymraeg rhugl, un o'r pethau cyntaf a wnaeth wedi ei benodi'n Brifathro oedd cyfarfod a siarad â myfyrwyr Neuadd John Morris-Jones; ymhellach, roedd yn amlwg yn gartrefol mewn achlysuron cymdeithasol gan roi cryn bwys ar agweddau cyhoeddus a llysgenhadol swyddogaeth Prifathro. Bu'n ffodus i gael tîm bychan o uwch gydweithwyr a roddodd iddo gefnogaeth gadarn a ffrwyth eu profiad eu hunain. Roedd y rhain yn cynnwys Geoff Sagar, Athro Botaneg Amaethyddol, a oedd wedi bod yn Is-Brifathro er 1981 ac a oedd yn lywiwr profiadol ar bwyllgorau; hefyd Alwyn Roberts, y Cyfarwyddwr Efrydiau Allanol, a oedd â phrofiad cyhoeddus eang. Bu'n gwasanaethu fel Prifathro Coleg Llywodraeth Pachhunga yn India; hefyd bu'n aelod o Gyngor Sir Gwynedd ac yn un o lywodraethwyr y BBC, yn ogystal ag Uwch Ddarlithydd mewn Theori a Sefydliadau Cymdeithasol.

Roedd Llywydd newydd eisoes wedi ei benodi yn Hydref 1982, pan olynwyd yr Arglwydd Kenyon gan Syr William Mars-Jones, barnwr yn yr Uchel Lys. Syr William, a fagwyd yn Llansannan yn Sir Ddinbych, oedd y Llywydd cyntaf yn hanes y Coleg i fedru'r Gymraeg – er y gwrthwynebodd myfyrwyr Cymraeg UMCB ei benodi. Yr Is-Lywyddion ym 1984 oedd Emyr Wyn Jones ac Edward Rees ac, ym 1985, daeth John Howard Davies, cyn Gyfarwyddwr Addysg a ddeuai'n gadeirydd S4C y flwyddyn ganlynol, yn gadeirydd Cyngor y Coleg. Drwodd a thro, roedd y naws a'r bobl yn haenau uchaf y Coleg Prifysgol wedi newid yn syfrdanol.

Yn sicr roedd seiliau'n cael eu gosod ar gyfer datblygu ffordd fwy cadarnhaol o ymdrin â'r iaith Gymraeg. Bu'r Cyngor yn flaengar i sicrhau bod polisi dwyieithog helaethach yn cael ei ddatblygu, gan sefydlu ei bwyllgor dwyieithrwydd sefydlog ei hun. Ym 1986, hefyd, sefydlwyd yn ffurfiol Ysgol Astudiaethau trwy'r Gymraeg, a dynnodd at ei gilydd staff a oedd yn dysgu cyrsiau cyfrwng Cymraeg neu a oedd â diddordeb ynddynt. Ei Chyfarwyddwr cyntaf oedd Gwyn Thomas, Athro yn Adran y Gymraeg a bardd o gryn fri, yr oedd ei farddoniaeth glir yn ymdrin â sefyllfaoedd modern yn ddylanwad o bwys ar genhedlaeth newydd o feirdd. Mewn agweddau eraill yn ogystal, roedd yn ymddangos bod y Coleg Prifysgol yn araf adfer ei hunanhyder. Ym Mehefin 1984, yn dilyn adolygiad gan yr UGC, dewiswyd Bangor yn un o ddwy ganolfan brifysgol ym Mhrydain ar gyfer astudio Eigioneg (y llall oedd Southampton) ac roedd adnoddau i'w neilltuo at y gwaith hwnnw.[2] Gallodd apêl y canmlwyddiant hefyd ddatgan, ymhen blwyddyn, y cyrhaeddwyd ei tharged o godi £1 miliwn; un cyfraniad nodedig oedd rhodd sylweddol gan Sheikh Yamani, Gweinidog Olew Saudi Arabia, i hybu ymchwil yn y Ganolfan Astudiaethau Tir Cras a oedd newydd gael ei sefydlu.[3] Llwyddodd yr Adran Economeg i gael nawdd ar gyfer staff a myfyrwyr gan Fanc y National Westminster, y cam cyntaf mewn datblygu perthynas ffrwythlon â'r prif sefydliadau bancio.

Er gwaetha'r holl arwyddion calonogol hyn, roedd cymylau ar y gorwel. Ym 1985, roedd yr UGC yn prysur baratoi'r sector brifysgol am doriadau dyfnach mewn cyllid. Dywedwyd wrth brifysgolion am ddisgwyl gostyngiad cyllid o 2 y cant y flwyddyn ar gyfartaledd tan ddiwedd y degawd. Galwyd am gynlluniau ar gyfer delio â'r sefyllfa hon gan bob prifysgol erbyn Tachwedd 1985. Credai Llys y Coleg y byddai hyn yn gwneud 'niwed anadferadwy',[4] tra nododd Eric Sunderland yn glir 'fod rhaid gwneud arbedion yn syth'.[5] Ffurfiwyd pwyllgor cynllunio bychan a gwnaed rhai penderfyniadau anodd: roedd dysgu'r Clasuron ac Eidaleg i ddod i ben; byddai Ysgol Gwyddorau Eigion, yn cynnwys Bioleg Môr ac Eigioneg, yn cael ei ffurfio i adeiladu ar gryfderau cydnabyddedig; a byddai ad-drefnu ffisegol sylweddol yn digwydd er mwyn lleihau costau. Roedd yna realaeth lem ynglŷn ag ymateb y Coleg Prifysgol, ond ychydig a feddyliai yn union pa mor stormus fyddai'r dyfroedd i'r sefydliad.

Mae'n ymddangos mai croeso digon llugoer a gafodd cynllun y Coleg Prifysgol gan yr UGC pan gafodd ei gyflwyno yn Nhachwedd

1985. Pan gyhoeddwyd cyllid ar gyfer 1986/7 yng ngwanwyn 1986, cafodd Bangor ostyngiad o 0.5 y cant yn ei grant a oedd, mewn gwirionedd, yn gyfystyr â 5 y cant. Roedd yn sefyllfa 'hynod ddifrifol', fel yr eglurodd y Prifathro wrth y Cyngor,[6] a rhagwelwyd diffyg sylweddol. Trefnwyd cyfarfod i drafod materion rhwng swyddogion y Coleg a'r UGC ar gyfer 7 Gorffennaf 1986. Pan ddigwyddodd, dywedwyd yn blwmp ac yn blaen wrth swyddogion y Coleg fod y cynllun a gyflwynwyd ganddynt ym 1985 yn annerbyniol. Roedd yr UGC o'r farn bod y 'range of activity is too wide in relation to its size'[7] ym Mangor. Unwaith yn rhagor roedd yn ymddangos am ychydig y gallai dyfodol y Coleg Prifysgol fod yn y fantol. Roedd yn 'gyfarfod dirmygus' yn ôl Alwyn Roberts,[8] un o'r rhai a gymerodd ran ynddo, ac i bob pwrpas mynnwyd bod y Coleg yn canolbwyntio mwy ar ei gryfderau a bod rhaid rhesymoli pynciau yng Nghymru. Roedd angen paratoi'r ffordd am lawdriniaeth sylweddol.

Roedd y cynllun diwygiedig, a luniwyd gyda chymorth 'Grŵp Adolygu Arbennig' dan gadeiryddiaeth yr Is-Brifathro Geoff Sagar, yn barod erbyn yr hydref. Yr hyn a gafwyd ynddo oedd bwriadau i ad-drefnu'r fframwaith academaidd yn sylweddol iawn. Yn ogystal ag Adran y Clasuron ac is-adran Eidaleg yr Adran Ffrangeg ac Astudiaethau Romáwns, roedd Ffiseg ac Athroniaeth hefyd i gau – roedd y rhain, ynghyd â'r Clasuron, yn adrannau a oedd wedi bodoli ers sefydlu'r Coleg ond a oedd wedi mynd yn fychan o ran niferoedd. Roedd y ddarpariaeth Archaeoleg i'w lleihau. Hefyd roedd bwriad i roi'r gorau i gynnig Drama, drwy gyfrwng y Saesneg beth bynnag. Roedd staff yn yr adrannau hyn i gael cynnig ymddeoliad cynnar neu symud i sefydliadau eraill (a threfnwyd i nifer symud fel y digwyddodd). Ceisiwyd ymddeoliadau cynnar yn fwy cyffredinol hefyd. Roedd adrannau eraill i gael eu cyfuno: er enghraifft roedd Bioleg Planhigion, Bioleg Anifeiliaid a Biocemeg i ffurfio Ysgol Gwyddorau Biolegol, ac roedd Amaethyddiaeth, Coedwigaeth a'r rhan fwyaf o Wyddor Pridd i ddod yn Ysgol Gwyddorau Amaeth a Choedwigaeth. Gyda'r holl gau a chyfuno, gostyngodd nifer yr adrannau academaidd o 26 i 16. Roedd y gymuned academaidd yn deall yn iawn y pwysau a roddai'r UGC ar y sefydliad, ond eto i gyd roedd y datblygiadau hyn yn hynod anodd eu stumogi. Ymgyrchodd Undeb y Myfyrwyr hefyd yn erbyn y cynllun. Yng nghanol cryn emosiwn (a gwrthdystiad gan y myfyrwyr o blaid Athroniaeth yn ystod cyfarfod o'r Senedd) derbyniwyd y cynllun gan y Senedd. Yn y Cyngor, bu ymgais i'w gyfeirio'n ôl, ond yn y pen draw fe'i cymeradwywyd o 27 o bleidleisiau i 7.[9]

Bu'r rhain yn benderfyniadau ingol i'r Prifathro a'i uwch gydweithwyr oherwydd roeddent yn ymwybodol beth fyddai eu heffaith. Roedd llawer yn siomedig hyd at dorcalon ac, yn arbennig felly, Geoffrey Hunter, yr Athro Athroniaeth. 'To make the nation leaner, fitter and more competitive in world markets,' ysgrifennodd, 'the Department of Philosophy is to be discontinued.'[10] Yn Adrannau'r Celfyddydau, hefyd, roedd pryder dwfn yn gyffredinol, ynghyd â dicter mawr ynglŷn â bwriadau penodol i drosglwyddo, ynghyd â thri aelod staff, rai miloedd o lyfrau'r Clasuron i Durham. Arweiniodd hyn at drafodaethau digon anodd rhwng y ddau sefydliad, gydag Is-Ganghellor Durham yn cydnabod wrth Eric Sunderland ym Mangor bod y mater wedi mynd yn 'broblem rhyngom'.[11] Yn y pen draw daethpwyd i gytundeb a symudwyd nifer llawer llai o lyfrau. Ni chyfyngwyd dicter â'r sefyllfa i staff a myfyrwyr yn unig chwaith: gwrthododd y bardd adnabyddus, R. S. Thomas, swydd Athro er Anrhydedd ym Mangor mewn protest yn erbyn toriadau'r llywodraeth.[12]

I rai, fodd bynnag, bu ymdeimlad o ryddhad. Roedd Seicoleg yn fychan ac wedi ymddangos yn bur fregus, ond fe'i harbedwyd. Ystyrid Cemeg hefyd yn bwnc uchel ar y rhestr resymoli yng Nghymru, ond cafodd ei gadw ym Mangor serch hynny. 'The mountain of the University of Wales Rationalisation Committee has strained and brought forth the conclusion that Bangor should be one of the main centres for Chemistry in Wales,' ysgrifennodd Charles Stirling,[13] Athro Cemeg Organig a ddaeth yn Gymrawd y Gymdeithas Frenhinol ym 1986, y chweched Athro Cemeg yn hanes y Coleg i gael yr anrhydedd honno. Ystyriwyd hefyd fod i Gerddoriaeth ddyfodol ym Mangor, ond nid yn Aberystwyth.

Roedd ymateb cychwynnol yr UGC i'r cynllun diwygiedig yn ffafriol ar y cyfan, ond roeddent yn dal yn dueddol o bwyso am fwy. At ddiwedd 1986, ysgrifennodd Syr Peter Swinnerton-Dyer, cadeirydd yr UGC, yn gefnogol: 'I am sure that a radical approach is right, particularly the proposal to close the Department of Physics.' Ond hefyd anogodd y Coleg Prifysgol i ystyried 'whether it has gone far enough'.[14] Pan gafwyd ymateb wedi ystyriaeth bellach, cyhoeddodd yr UGC yn ystod ymweliad â Bangor yn Nhachwedd 1987 ei fod yn fodlon – ac erbyn hynny roedd y cynllun wrthi'n cael ei weithredu. Yn wir, cafodd y Prifathro a'i swyddogion eu llongyfarch yn gyhoeddus a brwd am eu harweinyddiaeth yn ystod y cyfnod anodd hwn.[15] Roedd y Pwyllgor Adolygu Arbennig, yn cynnwys yr Is-Brifathrawon, ynghyd â'r Bwrsar, David Hannah, a chadeirydd lleyg y Pwyllgor Cyllid, Wynn Humphrey Davies, i barhau i oruchwylio disgyblaeth ariannol yn y dyfodol. Roedd y gwaethaf drosodd i bob golwg, er y teimlwyd effeithiau'r ailstrwythuro am lawer blwyddyn a daliai amryw yn chwerw ynglŷn â'r peth. Mewn gwirionedd, roedd pedair adran academaidd wedi cau. Gofidiai Eric Sunderland y bu'n rhaid gweithredu fel a wnaed, ac yn sicr gofidiai am y straen a roddodd ar sawl perthynas waith. Bu'n docio didostur ond nid oedd gan y Coleg ddewis ond ei gyflawni.

Fodd bynnag, daeth ambell lafn o oleuni o'r cymylau tywyll. Roedd Eigioneg i dyfu, gyda chefnogaeth yr UGC, a gwnaed saith penodiad newydd ym 1985/6. Daeth yr Ysgol Gwyddorau Eigion i fodolaeth yn Awst 1986 dan arweiniad Denzil Taylor Smith. Roedd Economeg, dan arweiniad Alan Winters, wedi ymestyn ei gweithgareddau allanol ac wedi sicrhau nawdd gan dri arall o'r prif fanciau erbyn 1986/7. O 1 Ionawr 1988, ffurfiwyd Ysgol Cyfrifeg, Bancio ac Economeg a oedd, mewn gwirionedd, yn cydnabod ehangu ei diddordebau academaidd. Sicrhawyd cyllid allanol hefyd gan Beirianneg Electronig (o gynlluniau fel y Rhaglen Peirianneg a Thechnoleg) a alluogodd benodi rhai staff newydd. Dangosodd Seicoleg gryn flaengaredd, gan drafod yn fedrus gydag awdurdodau iechyd lleol i gael cyllid ar gyfer penodiadau ar y cyd rhwng y Coleg Prifysgol a'r Gwasanaeth Iechyd Gwladol: cytunwyd ar oddeutu saith o'r penodiadau hyn ym 1987/8. Dechreuodd niferoedd myfyrwyr gynyddu hefyd, ar ôl gostwng – er nad yn syfrdanol felly – yn nechrau'r 1980au. Erbyn 1988/9, roeddent dros 3,300, y nifer mwyaf hyd yma.

Ar ôl ergydion a digalondid dechrau a chanol y 1980au, daeth gwynt i hwyliau Undeb y Myfyrwyr drachefn fel canolbwynt bywiog i fywyd cymdeithasol y myfyrwyr. Cafodd ei adeilad ei ailenwi'n 'Tŷ Steve Biko' am gyfnod yn niwedd y 1980au, ac roedd hefyd yn cynnwys 'Bar Mandela'. Fel y nododd un myfyriwr, deuai myfyrwyr newydd ar draws 'a massive range of clubs and societies apart from, I think, hurling . . . and underwater falconry'.[16] Nodwedd ganmoladwy oedd y twf yn y gwaith gwirfoddol a wneid gan y myfyrwyr gyda phlant ifanc, yr henoed a'r difreintiedig – roedd 'Gweithredu Cymunedol' (a gafodd ei ailenwi'n ddiweddarach yn 'Gwirfoddoli Myfyrwyr') yn gynllun clodwiw sy'n dal i ffynnu. O'r 1990au, bu Dawns yr Haf yn ddiwedd byrlymus i'r flwyddyn academaidd, tra bu'r clwb nos, Amser/Time, a agorwyd ym 1997, yn olynydd llawn asbri i hen 'hops' nosweithiau Sadwrn.

Roedd 'teulu' Bangor wedi mynd yn bur estynedig erbyn y 1990au. Gyda'r twf sylweddol yn niferoedd y myfyrwyr, collwyd yn anochel beth o'r hen agosrwydd a'r ysbryd o afiaith cynnes. Yn y 1990au, darparwyd neuaddau hunanarlwyo newydd ar safle Ffriddoedd, yn lle neuaddau preswyl traddodiadol, a chyfrannodd y rhain hefyd at ffordd o fyw wahanol. Ond nid oedd hon yn thema hollbwysig. Yn ôl safonau Prydeinig a rhyngwladol, nid oedd y Brifysgol yn fawr a llwyddodd bywyd y campws drwodd a thro i ddal gafael ar ei naws gartrefol, tref fach. Newidiodd rhai siopau a thafarnau eu cymeriad, ac ymddangosodd adeiladau newydd yn achlysurol, ond ni welwyd unrhyw newidiadau sylweddol yn hen filltir sgwâr y myfyrwyr. Fel yn y gorffennol, daliodd graddedigion Bangor hefyd i fod yn gyfran fwy sylweddol o'r staff nag yn y rhan fwyaf o brifysgolion. Ac roedd y cysylltiadau teuluol, mewn gwirionedd, yn dal yn gryf. Hyd yn oed yn yr unfed ganrif ar hugain gall nifer nid bychan o fyfyrwyr Bangor nodi â balchder bod eu rhieni a'u teidiau a'u neiniau hefyd yn raddedigion o Fangor.

Arweiniodd yr ymdriniaeth genedlaethol ag addysg uwch yn y 1980au at gyfnod o newid cyflym a sylfaenol i brifysgolion. Disodlwyd oes aur annibyniaeth a rhyddid academaidd gan ddiwylliant newydd, anghyfforddus wedi'i seilio ar werthoedd y farchnad. Yr arwyddeiriau bellach oedd monitro perfformiad, cynhyrchiant, atebolrwydd a gwerth am arian. Roedd addysg uwch i gael ei hystumio i fod yn adlewyrchiad o ffyniant economaidd ac anghenion y wlad. Mewn gwirionedd, roedd holl weithgarwch a pherfformiad prifysgol i gael eu harchwilio'n fanwl. Ym 1988, cynhaliwyd yr Ymarfer Asesu Ymchwil (RAE) cyntaf – er mewn ffordd ddigon amrwd mae'n wir – i gloriannu a graddio perfformiad ymchwil pob sefydliad. Tynnodd sylw at ragoriaeth mewn rhai meysydd arbenigol ym Mangor, er y dangoswyd bod lle sylweddol i wella hefyd. Dechreuwyd asesu ansawdd dysgu hefyd o'r 1990au. Ym 1992 wynebodd y Coleg Prifysgol ei 'archwiliad' cyntaf – er ei fod yn canolbwyntio'n bennaf ar ddulliau gweithredu a pholisïau – dan nawdd Uned Archwilio Academaidd newydd Pwyllgor yr Is-Gangellorion a Phrifathrawon, ac yn ddiweddarach archwiliwyd a chloriannwyd adrannau unigol a staff gan yr Asiantaeth Sicrhau Ansawdd. Roedd cywirdeb ariannol hefyd i gael ei oruchwylio'n fanylach a bu'n rhaid i'r Cyngor sefydlu Pwyllgor Archwilio a system archwilio fewnol. Yn sgil y diwylliant newydd hwn daeth yr angen i gynnal prifysgolion ar linellau mwy corfforaethol neu reolaethol. Tynnodd Adroddiad Jarratt ym 1985 sylw at yr hyn a ystyriai'n fethiannau rheoli niferus mewn prifysgolion, ac argymhellodd y dylid cael fframweithiau mwy proffesiynol, yn cynnwys sefydlu pwyllgorau cynllunio ac adnoddau. Gwnaed hynny ym Mangor er bod tuedd, fel mewn llawer i brifysgol, i'r fframweithiau newydd gael eu himpio ar yr hen rai.

Yn niwedd y 1980au roedd llygedyn o oleuni fel pe bai'n cynnig cyfeiriad academaidd newydd i'r Coleg Prifysgol ym Mangor. Wedi'r toriadau a chau adrannau, daeth ymwybyddiaeth gynyddol ei bod yn allweddol bwysig i'r Coleg ganolbwyntio ar anghenion lleol a rhanbarthol. Gan adeiladu ar gysylltiadau a ddatblygwyd rhwng yr Adran Seicoleg ac awdurdodau iechyd, a chan fanteisio ar bolisi cenedlaethol i wneud nyrsio a bydwreigiaeth yn broffesiynau graddedig (y rhaglen 'Project 2000' fel y'i gelwid), cofleidiodd y Coleg Prifysgol gynnig i ymgorffori Coleg Nyrsio a Bydwreigiaeth Gogledd Cymru. Hyd yn ddiweddar, bu dwy ysgol hyfforddi ar wahân yng Ngwynedd a Chlwyd (gyda rhai cannoedd o fyfyrwyr wedi'u lleoli yn Wrecsam), ond roedd addysg nyrsio'n cael ei thrawsnewid yn sylweddol iawn. Wedi trafodaethau helaeth gyda chynrychiolwyr y llywodraeth, y gwasanaeth iechyd a chyrff proffesiynol, daethpwyd i gytundeb. Daeth Cyfadran Astudiaethau Iechyd, a oedd yn cynnwys Ysgol Astudiaethau Nyrsio a Bydwreigiaeth, i fod yn y Coleg Prifysgol ym 1991. Ymunodd oddeutu 80 o staff yn ffurfiol â'r Coleg a chofrestrwyd bron i 700 o fyfyrwyr newydd ar gyrsiau diploma a oedd newydd eu dilysu. Daeth cyn Brifathro'r Coleg Nyrsio a Bydwreigiaeth, Philip Pye, yn Bennaeth yr Ysgol a Deon y Gyfadran. Yna, ym

1993, cafodd Radiograffeg, a oedd yn goleg llawer llai wedi ei leoli yn Wrecsam, hefyd ei ymgorffori yn adran yn y Coleg Prifysgol. Wedi cyfnod o gwtogi ac anhawster roedd y rhain yn ddatblygiadau o bwys. Nid yn unig roedd y Coleg Prifysgol yn cynyddu mewn maint, roedd hefyd yn ymestyn ei faes addysgol i gynnwys elfen gryfach o hyfforddiant galwedigaethol a hynny mewn ffordd a oedd o wasanaeth uniongyrchol i'r gymuned yng ngogledd Cymru.

Roedd hyn i gyd fel pe bai'n cyd-fynd â gogwydd polisi cyhoeddus. Ym 1992, mewn symudiad a frawychodd lawer yn y sector prifysgol yn enbyd, ysgubwyd y gyfundrefn ddeuol ymaith gan y llywodraeth a daeth colegau polytechnig hefyd yn brifysgolion. Sefydlwyd cynghorau cyllido newydd, gyda Chyngor Cyllido Addysg Uwch Cymru (HEFCW) yn dod i fodolaeth yng Nghaerdydd ym 1993. Daeth denu mwy i addysg brifysgol yn bolisi pendant, er bod adnoddau'n parhau'n gyfyngedig, ac roedd yn amlwg y byddai corff cyllido a fyddai'n delio'n unig â sefydliadau Cymreig yn archwilio'n fanylach nag erioed gynnyrch y sector Cymreig.

Cafwyd datblygiadau nodedig mewn disgyblaethau eraill. Y mwyaf trawiadol oedd cynnydd cyflym Seicoleg o adran fechan, a lwyddodd drwy groen ei dannedd i osgoi'r fwyell ym 1986, i fod yr adran fwyaf ei maint a'r fwyaf llwyddiannus ym Mangor. Dan arweiniad pennaeth newydd, Fergus Lowe, seicolegydd plant, sefydlwyd strategaeth ddiwyro a thra llwyddiannus a ganolbwyntiai ymchwil ar dri maes (seicoleg glinigol, niwrowyddoniaeth wybyddol, ac iaith a dysgu), gan ehangu cysylltiadau â'r sector iechyd a denu staff o bob cwr o'r byd.

Daliodd yr Ysgol Cyfrifeg, Bancio ac Economeg ati i arloesi, gyda rhaglen MBA newydd a ddysgid o bell yn cael ei sefydlu ym 1991 mewn cydweithrediad â Phrifysgol Manceinion. Erbyn 1993/4 roedd 600 o fyfyrwyr o wahanol rannau o'r byd wedi cofrestru arni. Datblygwyd arbenigedd o bwys mewn cyfathrebu optegol dan arweiniad John O'Reilly (Syr John O'Reilly, Is-Ganghellor Prifysgol Cranfield yn ddiweddarach). Datblygodd Gwyddor Chwaraeon fel pwnc allan o'r is-adran Addysg Gorfforol yn yr Ysgol Addysg. Dangosodd ei staff gryn fedrusrwydd ymchwil a sefydlwyd yr Ysgol Chwaraeon, Iechyd ac Addysg Gorfforol ym 1996. (Cafodd ei hailenwi'n Ysgol Gwyddorau Chwaraeon, Iechyd ac Ymarfer ym 1999.)

Daliodd niferoedd y myfyrwyr i gynyddu; erbyn 1993/4 roedd dros 5,000 o fyfyrwyr ym Mangor, ac ym 1993 agorwyd neuaddau preswyl hunanarlwyo newydd ar safle Ffriddoedd.

Yn y cyfamser, ym 1992 collodd y Coleg Prifysgol ddau o'i arweinwyr academaidd mwyaf dylanwadol a hynny'n llawer rhy gynamserol. Yn 59 oed bu farw'n sydyn Bedwyr Lewis Jones, darlledwr Cymraeg amryddawn a phoblogaidd, yn ogystal ag athro ac ymchwilydd uchel ei barch. Arweiniodd Adran y Gymraeg trwy adegau stormus – yn bersonol, gwleidyddol ac ariannol – ond ni phylodd ei awch am ysgolheictod Gymraeg na'i deyrngarwch dwfn i'r Coleg Prifysgol a'i wreiddiau. Hefyd, yn 58 oed, collwyd William Mathias, Athro Cerddoriaeth tan 1988 ac un o gyfansoddwyr amlycaf Prydain yn ei ddydd.

Yn hydref 1993, cododd y cyngor cyllido yng Nghymru fater cydweithio rhwng y Coleg Prifysgol a'r Coleg Normal. Yn hanesyddol roedd y berthynas rhwng y ddau sefydliad – er bod y ddau'n hyfforddi athrawon ac nad oedd ond canllath rhwng eu prif adeiladau – wedi bod yn anwastad, a hyd yn oed amheus o'i gilydd ar brydiau. Wedi'r Ail Ryfel Byd, sefydlwyd Cyfadran Addysg golegol, dan gadeiryddiaeth D. W. T. Jenkins, i annog cydweithio rhwng y Coleg Prifysgol, y Coleg Normal, y Santes Fair a Choleg Cartrefle yn Wrecsam. Er y 1950au roedd y Coleg Normal wedi datblygu cyrsiau cyfrwng Cymraeg penodol ar gyfer hyfforddi athrawon ac yn y 1970au cyflwynodd raddau ehangach yn y celfyddydau a gwyddorau cymdeithas. Yn dilyn yr ymgais aflwyddiannus i uno yng nghanol y 1970au nid oedd y berthynas rhwng y ddau goleg yn wresog iawn. Erbyn y 1990au, fodd bynnag, roedd ganddynt fuddiannau cyffredin cynyddol ac roedd yr holl hinsawdd wleidyddol ac ariannol wedi newid. Bu penodi Prifathro newydd yn y Coleg Normal yn Ionawr 1994 yn gam allweddol. Daeth Gareth Roberts, mathemategydd a oedd wedi treulio blwyddyn yn y Coleg Prifysgol ym 1970/1 fel ymchwilydd ôl-ddoethurol ac a oedd â chysylltiadau â'r Adran Fathemateg, i'r swydd yn awyddus i adolygu'n realistig sefyllfa'r Coleg Normal a sicrhau dyfodol cadarn. Ymgynghorodd yn eang a daeth yn fuan i'r farn ei fod yn wynebu problemau gydag ystâd y Coleg yn ogystal â sialensiau ariannol sylweddol. O fewn ychydig fisoedd, roedd integreiddio'r Coleg Normal â'r Coleg Prifysgol ar yr agenda.

Ym Mehefin 1994, cytunodd Cyngor y Coleg Prifysgol i ddechrau trafodaethau â'r Coleg Normal, ac erbyn Hydref roedd y ddau sefydliad wedi cytuno ar ddatganiad o fwriad lle nodwyd y byddent yn 'archwilio rhag blaen yr egwyddor o integreiddio'.[17] Cynhaliwyd y trafodaethau mewn awyrgylch dra chadarnhaol gan Weithgor ar y Cyd, dan arweiniad yr Is-Brifathro Alwyn Roberts, trafodwr medrus yr oedd gan swyddogion a staff y Coleg Normal gryn hyder ynddo. Roedd yr awyrgylch ddymunol hon i'w phriodoli'n rhannol i'r ffaith bod ffigurau amlwg ar y ddwy ochr yn gallu cydweithio'n gydnaws. Roeddent hefyd yn llwyr ymwybodol o realiti'r sefyllfa. Roedd Gwilym Humphreys, cadeirydd llywodraethwyr y Coleg Normal a lladmerydd blaenllaw ers llawer blwyddyn dros addysg cyfrwng Cymraeg, wedi dod yn bleidiol i integreiddio. Wrth gwrs, roedd llawer o faterion i'w datrys ac angen am sicrwydd o sawl tu. Ar ôl i Gyngor y Coleg Prifysgol ddatgan ym Mawrth 1995 ei fod yn barod i symud ymlaen â'r integreiddio (gan nodi bod y Senedd 'yn cyd-synio'n llwyr'),[18] sefydlwyd nifer o weithgorau i ddelio â'r materion ymarferol. Roedd y rhain yn niferus: ymhlith y materion allweddol roedd teitlau staff academaidd, statws a fframweithiau graddio, trefniadau pensiwn a phwysigrwydd darpariaeth cyfrwng Cymraeg. Rhoddwyd pwyslais mawr ar yr enw 'Normal' a chafwyd trafod-aethau o bwys ar sut y gellid efallai ddal gafael arno.[19] Ymdriniwyd yn ofalus â phob mater gan baratoi'r ffordd ar gyfer datblygiad o bwys.

Roedd newidiadau eraill ar y gweill yn y Coleg Prifysgol. Roedd swyddogaeth ac effeithiolrwydd Prifysgol ffederal Cymru dan y chwyddwydr yn gynyddol yn dilyn creu llawer o brifysgolion 'newydd' (yn cynnwys Prifysgol Morgannwg yn ne Cymru). Ceisiodd adolyg-iadau wedi'u comisiynu – Adroddiad Daniel ac Adroddiad Rosser – gryfhau nodweddion canolog y ffederasiwn, ond roedd y sefydliadau unigol yn anelu at gysylltiadau llacach. Gwasanaethodd Eric Sunderland yn ei dro fel Is-Ganghellor y Brifysgol ffederal o 1989 tan 1991 a gwelodd fod ei amser a'i egni'n mynd yn gynyddol ar ymdrin ag anghytundebau a rhaniadau. Roedd cydsynio, fodd bynnag, ar gryfhau delwedd y gwahanol sefydliadau. Ym 1993, cytunodd y Cyngor a'r Senedd ym Mangor i newid enw'r sefydliad i 'Prifysgol Cymru, Bangor' – patrwm a efelychwyd mewn mannau eraill yng

Nghymru – ac ym 1994 dechreuwyd defnyddio'r teitlau 'Is-Ganghellor' a 'Dirprwy-Is-Ganghellor' yn hytrach na 'Prifathro' ac 'Is-Brifathro'.[20] Ni chymeradwywyd yr addasiadau hyn yn ffurfiol gan y Cyfrin Gyngor tan 1997, ond yn ei hanfod daeth terfyn ar y teitl 'Coleg Prifysgol Gogledd Cymru' ac o hynny ymlaen byddai'n cael ei galw y 'Brifysgol' ac nid y 'Coleg'.

Tra oedd y gwahanu sylweddol hwn oddi wrth y gorffennol yn mynd rhagddo, roedd prifathrawiaeth Eric Sunderland yn tynnu at ei therfyn. Yn Rhagfyr 1993, cyhoeddodd y byddai'n ymddeol yn Hydref 1995. Penderfynodd y Llywydd, Syr William Mars-Jones, hefyd ymddeol yn Rhagfyr 1994, a sefydlwyd grŵp i ystyried olynydd iddo. I Eric Sunderland bu'n 11 mlynedd llawn digwydd. Bu ei benodiad yn drobwynt o bwys i'r Coleg Prifysgol. Bu'n Brifathro hawdd agosáu ato gyda doniau cyfathrebu sylweddol, ond eto gyda gwydnwch cymeriad amlwg. Rhaid fu gwneud penderfyniadau anodd i ddatrys problemau strwythurol y 1980au, ond hefyd cafwyd datblygu clodwiw, twf sylweddol ac ymdeimlad newydd o obaith. Roedd y ffaith i'r Coleg Prifysgol oroesi a llwyddo i godi ar ei draed yn gadarn drachefn i'w phriodoli'n helaeth i'w gyfuniad o ddoniau ac i ymroddiad ei uwch swyddogion. Yn ei gyfarfod olaf, talodd y Cyngor deyrnged i'w 'gyfraniad mawr' ers dyddiau tyngedfennol 1984.[21]

Yr Is-Ganghellor newydd oedd Roy Evans. Yn frodor o Landysul yng Ngheredigion ac wedi graddio o Abertawe, roedd wedi treulio 26 mlynedd ym Mhrifysgol Caerdydd, yn cynnwys 12 fel Athro Peirianneg Sifil ac Adeiladu a 4 blynedd fel Dirprwy Brifathro. Roedd yn Gymrawd Academi Frenhinol Peirianneg ac wedi ennill anrhydeddau niferus yn ei faes, ond o'i anfodd i ryw raddau y cafodd ei dynnu i mewn i faterion gweinyddol yng Nghaerdydd. Nid oedd ganddo uchelgais i fod yn Is-Ganghellor. Fodd bynnag, gydag anogaeth cydweithwyr, ymgeisiodd am swydd Is-Ganghellor ym Mangor. Roedd Syr Charles Evans, fel mynyddwr, wedi bod yn dipyn o arwr bachgendod iddo. Yn ogystal, roedd yn ymwybodol o'r aflonyddwch a fu ymysg myfyrwyr Bangor yn niwedd y 1970au, er nad oedd efallai'n gwybod pa mor ddwfn oedd gwreiddiau'r broblem. Gwnaeth Roy Evans argraff ddofn ar y pwyllgor penodi ac roedd eisoes wedi gwneud llawer o ffrindiau ym Mangor erbyn iddo ddechrau yn ei swydd yn Hydref 1995.

Ym Mehefin 1995, etholwyd y Llywydd newydd hefyd. Roedd yr Arglwydd Cledwyn, cyn AS dros Ynys Môn a Gweinidog yn y Cabinet Llafur, yn ddewis amlwg ddoeth. Roedd yn gefnogwr cryf i Brifysgol Cymru a'r sefydliadau a oedd yn perthyn iddi; roedd yn dra derbyniol i staff a llywodraethwyr y Coleg Normal ac, yn wir, yn ffigur uchel ei barch yng Nghymru a San Steffan.

Mewn meysydd strategaeth o bwys, roedd llwybr y Brifysgol am yr ychydig flynyddoedd nesaf eisoes wedi ei baratoi. Roedd y trafodaethau ar integreiddio'r Coleg Normal wedi eu cwblhau i bob pwrpas. (Yn wir, roedd y materion olaf wrthi'n cael eu datrys pan gyhoeddwyd marwolaeth Syr Charles Evans yn Rhagfyr 1995.) Digwyddodd yr uno'n ffurfiol ar 1 Awst 1996, gyda Phrifathro'r Coleg Normal, Gareth Roberts, yn dod yn Ddirprwy-Is-Ganghellor gyda chyfrifoldeb penodol dros weithgarwch cyfrwng Cymraeg, yn ogystal â Phennaeth Ysgol Addysg helaethach. Cafwyd hefyd Ysgol newydd Astudiaethau Cymuned, Rhanbarth a Chyfathrebu a oedd yn cynnwys staff eraill o'r Coleg Normal. Datblygiad pwysig arall fu sefydlu Canolfan Bedwyr, canolfan arloesol i hybu'r iaith Gymraeg a dysgu ac ymchwil cyfrwng Cymraeg.

Ym 1996, hefyd, cynhaliwyd y trydydd RAE a ddangosodd 'gynnydd cyson' yng ngraddfeydd Bangor. Roedd 40 y cant o'r staff academaidd mewn adrannau a gafodd raddfa 4 neu 5, lle mai 5* oedd y raddfa uchaf. Roedd gan Roy Evans amcanion mwy beiddgar i wella perfformiad ymchwil, ond byddai'n rhaid disgwyl am bum mlynedd cyn y cynhelid asesiad pellach. Fodd bynnag, penododd ef, am y tro cyntaf, Ddirprwy Is-Ganghellor gyda chyfrifoldeb penodol dros ymchwil – Mark Williams, Athro Seicoleg Glinigol – ac anogodd gymryd camau pendant i gryfhau statws ymchwil y Brifysgol. Ym maes addysgu a dysgu roedd yr asesiad ansawdd dysgu ar y gweill ers tro gyda hanner yr adrannau a aseswyd yn cael graddfa 'rhagorol'. Roedd cyrsiau wedi cael eu 'modiwlareiddio' a threfnwyd y flwyddyn academaidd yn ddau semester o Hydref 1994, ac er bod gan yr ad-drefnu hwn ei feirniaid digymrodedd, nid oedd troi'n ôl i fod. I bwysleisio ei ymrwymiad i ddysgu yn ogystal ag ymchwil, sefydlodd yr Is-Ganghellor 'Gymrodoriaethau Dysgu' – sef gwobrau a oedd yn cydnabod cyfraniad nodedig i ddysgu a chefnogi myfyrwyr.

Ym maes trosglwyddo gwybodaeth (neu'r 'drydedd genhadaeth' fel y'i gelwir weithiau) datblygodd Roy Evans drefn weithredu arbennig ar gyfer Bangor. Roedd yn gefnogwr brwd i gydweithio â diwydiant a masnach ac i ddefnyddio ac ymelwa – lle bo modd – yn fasnachol ar wybodaeth a gafwyd trwy ymchwil brifysgol. Daeth yn aelod amlwg o Fforwm Economaidd Gogledd Cymru gan ddatblygu cysylltiadau buddiol â llawer o fusnesau gogledd Cymru. Ar y seiliau hyn bu'n bosibl creu nifer sylweddol o Bartneriaethau Trosglwyddo Gwybodaeth (a elwid yn Gynlluniau Cwmni Addysgu yn wreiddiol) ac atgyfnerthu enw da Bangor ym maes cysylltiadau diwydiannol a busnes. Yn 2001, dewiswyd Roy Evans yn Berson Busnes y Flwyddyn y *Daily Post*/WDA a'r flwyddyn ganlynol dyfarnwyd CBE iddo.

Roedd niferoedd myfyrwyr wedi cynyddu'n gyson yn ystod y 1990au, yn rhannol oherwydd bod Nyrsio a Bydwreigiaeth, Radiograffeg a'r Coleg Normal wedi dod yn rhan o'r Brifysgol, ond hefyd oherwydd llwyddiant ehangu mynediad i'r Brifysgol. Roedd Bangor yn amlwg ddechrau'r 1990au yn y 'Mudiad Mynediad' yng Nghymru, a thrwy ddatblygu cysylltiadau â cholegau addysg bellach, gwelwyd cynnydd yng nghanran myfyrwyr hŷn a rhai o gefndiroedd anhraddodiadol, o tua 12 y cant i oddeutu 30 y cant yn niwedd 1990au. O 1999, pan ddaeth y Cynulliad Cenedlaethol i fodolaeth a dechrau pwyso'n gyson am ehangu cyfranogiad, y pwyslais oedd ar gynnal y polisi hwn. O ran cymeriad, roedd Roy Evans yn gydweithredwr naturiol ac roedd mewn sefyllfa dda i hyrwyddo'r model partneriaeth a oedd yn cael ei hybu gan Lywodraeth y Cynulliad. Y Brifysgol a arweiniodd gynlluniau pwysig yn y maes hwn. Gan weithio gydag Athrofa Gogledd Ddwyrain Cymru (NEWI) a'r wyth coleg addysg bellach yng ngogledd Cymru, llofnodwyd cytundeb rhyngddynt ym 1998. Dyma ragflaenydd Rhaglen Prifysgol Gymuned Gogledd Cymru, y cytunwyd arni ar 2 Mehefin 1998[22] ac a lansiwyd yn gyhoeddus yn Llandudno yn 2000. Nid 'prifysgol' yn yr ystyr draddodiadol oedd y 'Brifysgol Gymuned'. Yn ei hanfod, fframwaith i hyrwyddo cysylltiadau addysg uwch-addysg bellach a chynnydd myfyrwyr ydoedd, a bu'n gyfrwng i gynorthwyo nifer sylweddol o fyfyrwyr i ennill cymwysterau uwch.

Erbyn diwedd y 1990au roedd gan y Brifysgol 8,000 o fyfyrwyr. Roedd ei phoblogaeth wedi dyblu mewn tua deng mlynedd. Nid oedd ehangu'n gymaint o asgwrn cynnen ag y bu unwaith, er bod ei effaith yn amhleserus i rai, yn arbennig yn y gymuned leol. Roedd dros 20 y cant o'r myfyrwyr yn siaradwyr Cymraeg neu'n ddysgwyr ac roedd nifer sylweddol fwy yn astudio drwy gyfrwng y Gymraeg ym Mangor nag mewn unrhyw sefydliad arall. Yn 2000, ymddeolodd yr Arglwydd Cledwyn, a oedd ar drothwy bod yn 85, fel Llywydd. Yn ystod ei bum mlynedd yn y swydd roedd wedi rhoi gloywder i weithgareddau'r Brifysgol ac roedd yn hoff iawn gan lawer. Dadorchuddiodd ddarlun ohono'i hun yn ei ymddangosiad olaf yn Llys y Brifysgol yn Rhagfyr 2000; ysywaeth, bu farw ychydig wythnosau'n ddiweddarach. I'w olynu'n Llywydd daeth yr Arglwydd Elis-Thomas, y cyn fyfyriwr a'r cyn aelod staff cyntaf i'w ethol i'r swydd. Roedd Dafydd Elis-Thomas wedi graddio yn y Gymraeg yn y 1960au, ac wedi cyfnod byr yn ddarlithydd Drama fe'i hetholwyd yn aelod seneddol dros Feirionnydd ym 1974. Bu'n Llywydd Plaid Cymru o 1984 tan 1991 (ac yn ystod y cyfnod hwn hefyd cafodd radd Ph.D. o Fangor) ac fe'i hurddwyd yn arglwydd y flwyddyn ganlynol. Erbyn troad y ganrif roedd yn Llywydd urddasol ac uchel ei barch Cynulliad Cenedlaethol Cymru.

Cafwyd llwyddiannau gyda'r 'genhadaeth eang' – a oedd yn cynnwys trylwyredd academaidd, rhagoriaeth mewn ymchwil, hyfforddiant galwedigaethol a mynediad ehangach i'r holl gyrsiau. Yr her a wynebai Fangor, fel mor aml dros y blynyddoedd, oedd yr adnoddau at ei defnydd. Er bod niferoedd myfyrwyr wedi cynyddu, nid oedd y grant gyson o'r cyngor cyllido wedi cyd-fynd â chwyddiant. Yn wir, yr hyn a welid oedd gostyngiad mewn adnoddau – a elwid yn 'arbedion effeithlonrwydd'. Arweiniodd y setliad cyllid ar gyfer 1997/8 yn arbennig at ymgyrch fawr newydd i leihau costau. Roedd angen arbedion o £2.5 miliwn y flwyddyn o fewn dwy flynedd a sefydlwyd Panel Ad-drefnu i gyflawni'r arbedion angenrheidiol. Rhoddwyd gorau i ddysgu Rwsieg – a oedd wedi dechrau yn gynnar yn y 1960au ac a ddatblygwyd dan W. Gareth Jones – ac, yn bwysig, gollyngodd Cyngor y Brifysgol yn ffurfiol ei bolisi maith o wrthwynebu diswyddiadau gorfodol.[23] Fel y bu pethau, collwyd nifer o swyddi, ond yn wirfoddol.

Erbyn 1999, fodd bynnag, roedd y sefyllfa ariannol unwaith eto'n fregus ac roedd yn ymddangos mai newidiadau fframweithiol sylfaenol fyddai'r unig ateb effeithiol. Unwaith eto, roedd angen arbedion o dros £2 filiwn erbyn 2002/3. Roedd y pwyslais y tro hwn i fod ar ymdrech fwy cadarnhaol i ad-drefnu a chryfhau'r meysydd academaidd a gweinyddol. Aeth 'Panel Adolygu a Datblygu' ati i gyflawni'r dasg boenus o leihau lefelau staffio ymhellach ac ystyriwyd ad-drefniadau sylweddol. Ni lwyddwyd bob tro i gyfuno unedau academaidd mewn meysydd tebyg. Ymgorfforwyd Mathemateg o fewn Ysgol Gwybodeg, ynghyd â Pheirianneg Electronig ac Ysgol Cyfrifiadureg fechan. Fodd bynnag, cafwyd gwrthwynebiad cadarn i argymhelliad yn 2000 i gyfuno astudiaethau'r cyfryngau a chyfathrebu trwy gyfrwng y Gymraeg ag Adran y Gymraeg ac ni ddaeth dim o hynny.

Mater mwy dyrys fyth oedd cyflwr rhai o'r adeiladau. Roedd llawer wedi eu hadeiladu cyn 1940, ac roedd gwir angen trwsio rhai a ddaeth i fod o ganlyniad i ehangu'r 1960au hyd yn oed. Golygodd y cyfyngiadau ariannol ers diwedd y 1970au a'r 1980au fod yr adnoddau a oedd ar gael ar gyfer cynnal a chadw'r adeiladau'n prinhau. Ar drothwy'r unfed ganrif ar hugain roedd yn ymddangos fel pe bai rhannau o'r ystâd tu hwnt i'w hadfer ac nid oedd unrhyw gyllid cyfalaf o bwys ar gael gan y cyngor cyllido ar gyfer dibenion adeiladu cyffredinol.

Roedd yn ymddangos mai'r unig ffordd i ryddhau adnoddau newydd oedd trwy bartneriaeth a chydweithio a rhannu rhai gwasanaethau a chostau rhwng sefydliadau addysg uwch. Dyna'n amlwg oedd polisi Llywodraeth y Cynulliad, a eglurwyd yn y ddogfen *Ymgeisio'n Uwch* ym Mawrth 2002 yn dilyn adolygiad. O hynny ymlaen 'Ailgyflunio a chydweithredu' fyddai conglfaen polisi'r llywodraeth. Nododd y Brifysgol ym Mangor y byddai'n 'ymateb yn gadarnhaol'.[24] Mewn gwirionedd, roedd y Brifysgol eisoes wedi symud i lawr y ffordd hon. Yn 2001, llofnodwyd 'cynghrair strategol' yn Ewlo rhwng Bangor ac Athrofa Addysg Uwch Gogledd Ddwyrain Cymru (NEWI) yn Wrecsam, ym mhresenoldeb y Gweinidog Addysg, Jane Davidson. Cydnabuwyd ers talwm y byddai rhyw lefel o gydweithio rhwng y ddau sefydliad yn werthfawr. Cyn belled yn ôl â 1983 ffurfiwyd 'grŵp cyswllt', ac am gyfnod byr datblygwyd graddau 'dau a dau'.

Yn Hydref 2002, cafodd papur ar y cyd gan Roy Evans, yr Is-Ganghellor a Michael Scott, Prifathro NEWI, ei roi gerbron y

Cyngor. Roedd yn cynnig y dylid archwilio dau ddewis: cynghrair strategol gryfach; a 'ffurfio un sefydliad prifysgol yng ngogledd Cymru'. Cymeradwywyd y papur o 18 pleidlais i 1.[25] Ffurfiwyd Grŵp Project ar y Cyd ac erbyn Mawrth 2003 roedd y Cyngor wedi cytuno i edrych yn fanwl ar y syniad 'prifysgol sengl'. O Fehefin 2003, cadeiriwyd y Grŵp Project ar y Cyd gan Syr Brian Fender, cyn brif weithredwr Cyngor Cyllido Addysg Uwch Lloegr.

Roedd i'r model 'prifysgol sengl' – efallai 'Prifysgol Gogledd Cymru' – fanteision gwleidyddol a strategol i'r ddau sefydliad. Yn ôl pob tebyg byddai wedi sicrhau cyllid ychwanegol sylweddol ar gyfer addysg uwch yng ngogledd Cymru. Ond, o safbwynt academaidd, roedd cymhlethdodau. I ddechrau nid oedd gan Bangor na NEWI bwerau dyfarnu graddau eu hunain na statws prifysgol swyddogol. Ymhellach, roedd cryn bellter rhwng cenadaethau a chynlluniau academaidd y ddau sefydliad ac roedd hyn, yn y pen draw, yn fater allweddol. Roedd un ffactor arall. Yn haf 2003, cyhoeddodd Roy Evans y byddai'n ymddeol ym Medi 2004. Yn fuan iawn wedyn, cafodd lawdriniaeth sylweddol a bu'n absennol o'r Brifysgol. Ar 5 a 6 Rhagfyr 2003, wedi 15 mis o drafod dwys, cyfarfu trafodwyr y ddau sefydliad – heb yr Is-Ganghellor, a oedd yn dal i wella – ym Miwmares am yr hyn a fu'n drafodaeth olaf, dyngedfennol. Yr hyn a ddaeth yn amlwg oedd bod barn ac athroniaeth dra gwahanol ynglŷn â materion allweddol ar reoli a llywodraethu prifysgol sengl (hynny yw, y prosesau i benodi Llywydd, Is-Ganghellor a Chadeirydd y Cyngor). Pan dderbyniodd adroddiad ar 18 Rhagfyr 2003, cyhoeddodd y Cyngor ei fod yn 'siomedig' nad oedd maint a chryfder academaidd Bangor, o'i gymharu â NEWI, fel pe bai'n cael ei adlewyrchu yng nghyfansoddiad y pwyllgorau penodi arfaethedig.[26] Roedd parodrwydd i geisio datrys y materion hyn, a chafwyd peth trafod pellach, ond dyna mewn gwirionedd oedd diwedd y syniad o 'Brifysgol Gogledd Cymru'. Erbyn Mehefin 2004, roedd y Cyngor wedi penodi Is-Ganghellor newydd, i olynu Roy Evans, ac roedd yn paratoi i wneud cais am ei bwerau dyfarnu graddau ei hun.

Wrth edrych yn ôl credai Roy Evans i'r Brifysgol fod yn iawn i edrych o ddifrif ar yr uno posibl â NEWI; ond cydnabu hefyd y gwnaed y penderfyniad cywir yn y diwedd o dan yr amgylchiadau.[27] Cafwyd llawer llwyddiant arall yn ystod ei Is-Gangelloriaeth. Testun balchder neilltuol fu cael llong ymchwil newydd – *Prince Madog* arall – gwerth £4 miliwn ar gyfer Gwyddorau'r Eigion yn 2001. Dan ei arweiniad gwelwyd cynnydd mewn perfformiad ymchwil – yn RAE 2001, barnwyd bod 77 y cant o'r staff yn y tair graddfa uchaf (4, 5 a 5*) – a chynyddodd yn sylweddol gyfraniad y Brifysgol i ddiwydiant a masnach. Yn 2002, gan adeiladu ar ei hen gysylltiadau â Chaerdydd, a gweithgaredd cynyddol ym maes iechyd, llywiodd sefydlu 'Ysgol Glinigol Gogledd Cymru', mewn cydweithrediad â Chaerdydd a NEWI. Wedi sawl blwyddyn o waith caled a thrafodaethau, sefydlwyd Ysgol y Gyfraith yn 2004 – yr adran academaidd newydd gyntaf o bwys i'w sefydlu ers dros ddegawd. Bu'n gŵys lafurus i'w haredig: roedd y Brifysgol wedi wynebu gofynion cynyddol a lleihad mewn adnoddau yr un pryd. Ond bu arweinyddiaeth ofalus Roy Evans, ei wyleidd-dra anhunanol, ei ddiwydrwydd a'i ddidwylledd amlwg, yn fodd i ennyn edmygedd o bob tu.

Yn 2004, am y tro cyntaf yn ei hanes, dewisodd y Brifysgol ymgeisydd mewnol a dyn lleol yn Is-Ganghellor – serch un â phrofiad eang o brifysgolion eraill. Roedd Merfyn Jones, Athro Hanes Cymru er 1994, wedi bod yn Ddirprwy-Is-Ganghellor er 1998 a bu'n Is-Ganghellor Gweithredol am dri mis yn 2003 yn ystod absenoldeb Roy Evans. Mewn llawer ffordd roedd ei yrfa wedi dilyn llwybr cyfarwydd: yn frodor o Feirionnydd, graddiodd o Sussex a Warwick yn niwedd y 1960au, bu mewn swydd ymchwil yn Abertawe ac yna treuliodd 15 mlynedd yn Lerpwl, lle daeth yn uwch ddarlithydd, cyn symud i Fangor ym 1990 i ddilyn ei ymchwil yn hanes Cymru. Roedd hyn yn ymddangos yn symudiad priodol iawn gan mai teitl ei brif waith hanesyddol cyntaf oedd *The North Wales Quarrymen, 1874–1922*. Ar y llaw arall, roedd elfennau llai confensiynol yn ei yrfa: roedd wedi ysgrifennu a chyflwyno nifer o raglenni teledu hanesyddol, roedd ganddo gysylltiadau gwleidyddol niferus ac roedd yn un o lywodraethwyr y BBC er 2003.

Yn Awst 2004, daeth Merfyn Jones i'r swydd gyda rhaglen uchelgeisiol o ddiwygio radical. Mynnodd fod yn rhaid gweddnewid y sefyllfa ariannol (cafwyd gweddill ariannol am y pedair blynedd nesaf) a dechreuwyd ymgyrch newydd i sicrhau rhagoriaeth academaidd. Pwysleisiodd mai cryfder ymchwil oedd sail allweddol cynnydd, ond roedd bwriad i geisio'r safonau uchaf ym mhob agwedd ar weithgareddau'r Brifysgol. Haerodd nad dyhead oedd rhagoriaeth ond anghenraid gwirioneddol. Trawsnewidiwyd y fframwaith rheoli a llywodraethu yn drylwyr, gyda 80 o bwyllgorau'n cael eu diddymu a mwy o bwyslais yn cael ei roi ar wneud penderfyniadau gweithredol. Cafwyd gwared â'r 'Cyfadrannau' ac, o 2006, dosbarthwyd ysgolion academaidd i chwe 'choleg'. Daeth pob un o'r rhain yn ganolfan adnoddau gan anelu, yn rhannol, at alluogi ysgolion i rannu cefnogaeth weinyddol a thrwy hynny ryddhau amser ar gyfer ymchwil a dysgu. Yn 2005, gwnaeth y Brifysgol gais ffurfiol am bwerau dyfarnu graddau ac, wedi deg mis o gloriannu llwyddiannus gan yr Asiantaeth Sicrhau Ansawdd, dyfarnwyd y pwerau iddi ynghyd â statws prifysgol annibynnol – gyda'r teitl newydd 'Prifysgol Bangor' – gan y Cyfrin Gyngor o 1 Medi 2007.

Er bod Prifysgol Cymru wedi rhoi'r gorau i fod yn sefydliad ffederal yr un pryd, arhosodd 'ailgyflunio a chydweithredu' rhwng sefydliadau yn elfen amlycaf polisi'r llywodraeth. Cytunwyd ar 'bartneriaeth ymchwil a menter' rhwng Bangor ac Aberystwyth yn 2006, gyda chefnogaeth o £11 miliwn gan y Cyngor Cyllido (HEFCW). Yn olaf, rhoddwyd ar y gweill gynllun sylweddol £70 miliwn i ailddatblygu'r ystâd. Agorwyd neuaddau newydd hunanarlwyo, gyda chyfleusterau *en suite*, i'r myfyrwyr yn 2008 a 2009. Yr un flwyddyn hefyd gwelwyd camau cyntaf ail-fodelu'r ystâd gydag agor Canolfan Rheolaeth gwerth £14 miliwn (mewn adeiladau wedi'u hadnewyddu a fu'n rhan o'r Coleg Normal) ac adeilad cynaliadwy a llawn dychymyg ar gyfer 'Canolfan yr Amgylchedd Cymru' (a agorwyd yn swyddogol gan y Prif Weinidog Gordon Brown). Roedd y portffolio academaidd hefyd yn ehangu mewn ffyrdd pwysig. Gwelwyd cynnydd sylweddol gyda chanlyniadau RAE 2008; yn 2001 32 y cant o'r staff oedd mewn unedau a dderbyniodd y ddwy raddfa uchaf, yn 2008 derbyniodd 47 y cant o'r gwaith ymchwil y ddwy raddfa uchaf (3* a 4* bellach). Yn 2008 lansiwyd Ysgol Astudiaethau Creadigol a'r Cyfryngau, yn canolbwyntio ar yr arbenigedd cynyddol yn y diwydiannau creadigol. Gwnaed cynlluniau ar gyfer 'Canolfan y Celfyddydau ac Arloesi' gyffrous a fyddai'n disodli adeilad Undeb y Myfyrwyr a Theatr Gwynedd gan roi cyfleusterau modern ar gyfer perfformio, dysgu, cefnogi myfyrwyr a digwyddiadau cymdeithasol. Yn fwy uchelgeisiol na'r cyfan, dechreuwyd llunio cynlluniau i ddatblygu astudio Meddygaeth ym Mangor.

Drwodd a thro roedd hon yn rhaglen o drawsnewid sylweddol gyda'r bwriad o baratoi'r Brifysgol ar gyfer sialensiau'r dyfodol. Yn y cyfamser, gwasanaethodd Merfyn Jones am gyfnod o ddwy flynedd fel Cadeirydd Addysg Uwch Cymru (corff sy'n cynrychioli sefydliadau addysg uwch Cymreig), a hefyd am gyfnod bu'n Is-Lywydd Universities UK. Yn 2008/9, cadeiriodd arolwg sylweddol ar addysg uwch yng Nghymru ar ran Llywodraeth y Cynulliad.

Mae cyflymder y newid mewn addysg uwch yn annhebygol o arafu. Y prifysgolion mwyaf llwyddiannus yn yr unfed ganrif ar hugain fydd rhai sydd â chryfder academaidd cynhenid, ond a fydd hefyd yn medru gafael yn ddeheuig mewn cyfleoedd newydd ac ymaddasu'n briodol ar eu cyfer. Daeth y Brifysgol ym Mangor ymhell ers ei dyddiau cynnar yn y Penrhyn Arms: daeth dros rwystrau, wynebodd sawl argyfwng ac yn aml iawn brwydrodd yn lew yn nannedd anfanteision. Llwyddodd yn ogystal i gyflawni llawer gorchest academaidd dra phwysig, a hynny heb eu cydnabod yn aml, ac yn sicr heb glochdar yn eu cylch, ac mae iddi le arbennig yng nghalonnau a meddyliau miloedd lawer o'i myfyrwyr. Hyd yn oed ymysg 11,000 o fyfyrwyr mae'r ysbryd cymunedol a'r 'awyrgylch deuluol' yn parhau. Ni all neb ragweld ei llwybr yn y dyfodol gydag unrhyw fanylder. Yn ddi-os fe ddaw ambell her annisgwyl, penderfyniadau anodd i'w gwneud a llwybrau academaidd newydd i'w harchwilio. Yr hyn sy'n sicr yw na ddylai'r Brifysgol fyth ofni newid na chyfaddawdu â'i hamcanion uchaf; yr un modd ni ddylai chwaith ddiystyru ei hanes arwrol na'i chymeriad unigryw.

46. Eric Sunderland, Prifathro, 1984–1995

47. Y canmlwyddiant: Eric Sunderland (Prifathro) a Syr William Mars-Jones (Llywydd) yn arwain gorymdaith y canmlwyddiant o bortico'r Penrhyn Arms yn Hydref 1984

48. Agorwyd neuaddau *en suite* newydd i fyfyrwyr
ar safle Ffriddoedd ym 1993

49. Daeth Hen Goleg, adeilad gwreiddiol y Coleg Normal, yn rhan o'r
Brifysgol ym 1996 ac mae'n gartref erbyn hyn i Ysgol Fusnes y Brifysgol

50. Derbyniodd y bardd R. S. Thomas Gadair er Anrhydedd yn y 1990au ar ôl iddo wrthod cadeiryddiaeth yn y 1980au mewn gwrthwynebiad i bolisi llywodraethol

51. Roy Evans, Is-Ganghellor, 1995–2004

52. Yr Arglwydd Cledwyn o Benrhos yn dadorchuddio portread ohono'i hun pan ymddeolodd fel Llywydd yn Rhagfyr 2000

53. Merfyn Jones, Is-Ganghellor er 2004

54. Myfyrwyr yn gwirfoddoli: sesiwn gelf a chrefft i blant lleol yng Ngerddi Botaneg Treborth

55. Côr Siambr y Brifysgol yn ymarfer gyda'r Fonesig Kiri te Kanawa yn 2003

56. Yr awdur Philip Pullman, Cymrawd er Anrhydedd ac Athro er Anrhydedd yn y Brifysgol, yn darlithio ym Mhrif Ddarlithfa'r Celfyddydau yn 2006

57. Yr Arglwydd Elis-Thomas (Llywydd) a Thywysog Cymru yn y seremoni yn Neuadd Prichard-Jones ym Mehefin 2007 i nodi canmlwyddiant gosod carreg sylfaen Prif Adeilad y Brifysgol

58. Y Prif Weinidog Gordon Brown, gyda'r Is-Ganghellor Merfyn Jones, yn sgwrsio gyda myfyriwr ar achlysur agor Canolfan yr Amgylchedd, Cymru yn Chwefror 2008

Nodiadau

Pennod 1

1. *Liverpool Mercury*, 20 Hydref 1884, BUA, toriadau o'r wasg.
2. E. L. Ellis, *The University College of Wales, Aberystwyth 1872–1972* (Caerdydd, 1972) [*UCW*], t. 66.
3. J. Gwynn Williams, *The University College of North Wales. Foundations 1884–1927* (Caerdydd, 1985)[*UCNW*], t. 23.
4. Ibid., t. 36.
5. G. Roberts at W. C. Davies, 27 Ebrill 1883, BUA.
6. J. Gwynn Williams, *UCNW*, t. 50.
7. Cofnodion y Cyngor, 3 Chwefror 1892.
8. Ibid., 5 Medi 1884.
9. *North Wales Chronicle*, 18 Hydref 1884.
10. Humphreys Owen at Reichel, 10 Medi 1883, dyfynnwyd yn J. Gwynn Williams, *UCNW*, t. 74n.
11. Cofnodion y Cyngor, 27 Tachwedd 1888.
12. Ibid., 4 Mawrth 1889.
13. Ibid., 16 Rhagfyr 1891 a 3 Chwefror 1892.
14. Cofnodion Ymchwiliad y Senedd, 15 Tachwedd 1892, t. 4.
15. Ibid., t. 41.
16. Ibid., t. 19.

17 Ibid., t. 9.
18 Cofnodion y Cyngor, 21 Rhagfyr 1892.
19 Ibid., 1 Chwefror 1893.
20 *The Times*, 18 Ebrill 1893.
21 *North Wales Chronicle*, 18 Mawrth 1893.
22 Cofnodion y Cyngor, 11 Medi 1895.
23 Dyfynnwyd yn J. Gwynn Williams, UCNW, t. 114.

Pennod 2

1 *The University College of North Wales Bangor, 1884–1934* (Bangor, 1934) [*University College of North Wales, 1884–1934*], t. 37.
2 R. T. Jenkins, 'John Edward Lloyd', DNB, *www.wbo.llgc.org.uk*.
3 Ibid.
4 J. Gwynn Williams, UCNW, t. 90.
5 A. R. Owens, 'William Ellis Williams: father of electrical engineering at Bangor' (papur anghyhoeddedig, 2007), t. 8.
6 Gwybodaeth a roddwyd gan Dr Ll. G. Chambers, 2007.
7 A. R. Owens, 'W. E. Williams', t. 13.
8 B. L. Davies, 'The School of Education, UCNW 1894–1981' (papur anghyhoeddedig), t. 7.
9 *Manchester Guardian*, 28 Tachwedd 1899, BUA, toriadau o'r wasg.
10 *University College of North Wales, 1884–1934*, t. 11.
11 *Manchester Guardian*, 14 Rhagfyr 1899, BUA, toriadau o'r wasg.
12 Gweler J. Gwynn Williams, UCNW, tt. 239–50.
13 *University College of North Wales. Foundation Stone laid by His Majesty the King*, 9 Gorffennaf 1907, t. 11.
14 *Souvenir of the Opening by King George V*, 14 Gorffennaf 1911, t.5.
15 J. Gwynn Williams, UCNW, t. 270.
16 W. Lewis Jones, Rhagair, 'Souvenir 1911', t. 3.
17 Ibid., t. 1.
18 E. H. Jones at H. Jones, 24 Awst 1933, BUA.
19 Lloyd George at Reichel, 3 Rhagfyr 1909, dyfynnwyd yng Nghofnodion y Cyngor, 15 Rhagfyr 1909.
20 Gwybodaeth a roddwyd gan yr Athro Martin Taylor, Chwefror 2007.
21 *Welsh Leader*, 11 Chwefror 1904.
22 F. P. Dodd yn *The Old Bangorian*, rhifyn 6, Chwefror 1934, t. 5.
23 J. Gwynn Williams, *The University of Wales, 1839–1938* (Caerdydd 1997), tt. 116–17.

24 E. L. Ellis, *UCW*, t. 178.
25 Ibid., t. 202.
26 Cofnodion y Cyngor, 21 Rhagfyr 1921.
27 Ibid., 29 Medi 1919.
28 *University College of North Wales, 1884–1934*, t. 16.
29 *Manchester Guardian*, 28 Chwefror 1901, BUA, toriadau o'r wasg.
30 Cofnodion y Cyngor, 23 Ebrill 1924.

Pennod 3

1 Cofnodion y Cyngor, 15 Rhagfyr 1936.
2 J. Gwynn Williams, *UCNW*, t. 438.
3 Cofnodion y Cyngor, 27 Mehefin 1928.
4 Ibid., 24 Ebrill 1929.
5 H. B. Watson, 'Adroddiadau Penaethiaid 1929–30', t. 14.
6 R. G. White, ibid.
7 Cofnodion y Cyngor, 9 Rhagfyr 1931.
8 Ibid., 13 Rhagfyr 1933.
9 *Gazette*, cyf.8, rhifyn 1, Hydref 1968, t. 6.
10 P. J. White, 'Adroddiadau Penaethiaid 1927/8'.
11 A. H. Dodd at E. H. Jones, 2 Medi 1933, BUA.
12 J. E. Caerwyn Williams, 'Adroddiadau Penaethiaid 1955–56'.
13 E. L. Ellis, *UCW*, t. 229.
14 Cofnodion y Cyngor, 26 Medi 1934.
15 E. H. Jones at M. Davies, 2 Rhagfyr 1936, BUA, Llyfrgell.
16 G. O. Roberts at E. H. Jones, 24 Tachwedd 1936, BUA, Cymdeithasau.
17 S. Griffiths at E. H. Jones, Tachwedd 1935, BUA, Cymdeithasau.
18 H. Williams at E. H. Jones, 29 Hydref 1937, BUA, bocs 42.
19 E. Evans at E. H. Jones, 13 Ionawr 1934, BUA, Astudiaethau Cymreig.
20 *Calendar* CPGC 1939/40.
21 E. H. Jones at ysgrifenyddion clybiau, 4 Hydref 1937, BUA, bocs 42.
22 T. Richards at E. H. Jones, 5 Tachwedd 1937, BUA, Llyfrgell a Chyffredinol.
23 E. L. Ellis, *UCW*, t. 253.
24 F. W. R. Brambell, 'Adroddiadau Penaethiaid 1935/36'.
25 G. W. Robinson at E. H. Jones, 7 Ebrill 1937, BUA, Cemeg Amaethyddol.
26 D. Thoday at E. H. Jones, 17 Mai 1939, BUA, Botaneg.
27 Cofnodion y Cyngor, 22 Mehefin 1938.
28 J. Gwynn Williams, *The University of Wales 1839–1939* (Caerdydd, 1997), t. 72.

NODIADAU

[29] Sir Kenneth Clark at E. H. Jones, 4 Medi 1939, BUA; nodiadau gan swyddog yr Oriel Genedlaethol, Archifau'r Oriel Genedlaethol.
[30] E. Evans at Sir A. Mawer, 23 Mai 1939, BUA, bocs 6.
[31] W. H. Vincent at E. Evans, 28 Hydref 1939, BUA, bocs 6.
[32] J. W. Fox, 'From Lardner to Massey. A history of physics, space science and astronomy at UCL, 1826–1975', *www.phys.ucl.ac.uk*.
[33] E. Evans at Sir A. Mawer, 10 Hydref 1939, BUA, bocs 6.
[34] Cyfweliad gyda D. ap Thomas, 12 Medi 2007.
[35] A. H. Dodd, 'Adroddiadau Penaethiaid, 1943/4'.
[36] E. H. Jones at E. Evans, 16 Hydref 1940, BUA, Prifathro.
[37] Cofnodion y Cyngor, 13 Rhagfyr 1939.
[38] Ibid., 25 Hydref 1939.
[39] Ibid., 7 Chwefror 1940.
[40] E. H. Jones at M. R. K. Jerram, 26 Mehefin 1940, BUA, Coedwigaeth – cyffredinol.
[41] H. G. Wright, 'Adroddiadau Penaethiaid, 1940/1'.
[42] J. L. Simonsen 'Adroddiadau Penaethiaid, 1941/2'.
[43] J. Morgan Jones, Cofnodion y Llys, 24 Hydref 1945.
[44] 'Adroddiad y Cyngor i'r Llys, 1941/2'.
[45] Adroddiad gan y Pwyllgor Ailadeiladu wedi'r Rhyfel, Cofnodion y Cyngor, 27 Hydref 1943.
[46] Atgofion gan Dr Raymond Garlick, Awst 2007.

Pennod 4

[1] Cofnodion y Cyngor, 26 Medi 1945.
[2] H. G. Wright, 'Adroddiadau Penaethiaid, 1945/6'.
[3] Atgofion gan Dr Raymond Garlick, Awst 2007.
[4] 'Adroddiad y Cyngor i'r Llys, 1944/5'.
[5] *Gazette*, cyf. 2, rhifyn 1, Hydref 1962.
[6] T. G. Cowling, 'Astronomer by Accident', *Annual Review of Astronomy and Astrophysics*, 1985, cyf. 23, tt. 1–19 (6) (ar-lein).
[7] J. Ellis Jones, 'Adroddiad Blynyddol', 1988/9.
[8] Cofnodion y Cyngor, 25 Medi 1946.
[9] E. R. Andrew, 'Adroddiadau Penaethiaid, 1955/6'.
[10] Cofrestrydd Dros Dro at R. S. Thomas, 23 Chwefror 1944, BUA, Ballard Matthews.
[11] Atgofion gan Ann Clwyd AS, Chwefror 2008.

NODIADAU

[12] Atgofion gan Dr Geraint Stanley Jones, Hydref 2007.
[13] *Alpha*, 1948/9, t. 1.
[14] Atgofion gan William G. Smith, 28 Awst 2007.
[15] 'Adroddiad y Pwyllgor a benodwyd gan y Senedd i ystyried problem ymestyn y defnydd o'r Gymraeg', 16 Tachwedd 1953 (darparwyd gan G. B. Owen).
[16] Cofnodion y Cyngor, 27 Mehefin 1956.
[17] J. E. Caerwyn Williams, 'Adroddiadau Penaethiaid, 1957/8'.
[18] S. Peat, 'Adroddiadau Penaethiaid, 1953/4'.
[19] D. Crisp, 'Adroddiadau Penaethiaid, 1955/6'.
[20] 'Adroddiad y Cyngor i'r Llys, 1956/7'.
[21] 'Adroddiad y Cyngor i'r Llys, 1957/8'.
[22] Cyfweliad gyda Mr G. B. Owen, 5 Mawrth 2008.
[23] Cyfweliad gyda Jan Morris, 17 Rhagfyr 2007.
[24] C. Evans at A. McCandless, 6 Mehefin 1953, MHT, papurau Charles Evans.
[25] C. Evans at A. McCandless, 3 Chwefror 1953, MHT, papurau Charles Evans.
[26] Jim Perrin, *Spirits of Place* (Llandysul, 1997), t.103.
[27] Atgofion mewn llawysgrifen gan Dr Anne McCandless, MHT, papurau Charles Evans.

Pennod 5

[1] Cyfweliad â'r Athro J. Gwynn Williams, 27 Medi 2007. Cafodd yr Athro Williams y wybodaeth gan y Fonesig Evans.
[2] Jim Perrin, *Spirits of Place* (Llandysul, 1997), t. 101.
[3] Atgofion anghyhoeddedig gan Dr Anne McCandless, MHT, papurau Charles Evans.
[4] 'Adroddiad y Cyngor i'r Llys', 1958/9, a 1959/60.
[5] C. W. K. Mundle, 'Adroddiadau Penaethiaid', 1965/6.
[6] S. Peat, 'Adroddiadau Penaethiaid', 1965/6.
[7] 'Adroddiad Blynyddol', 1966/7.
[8] J. M. Thomas, 'Design and chance in my scientific research' yn K. D. M. Harris a P. P. Edwards (goln), *Turning Points in Solid State, Materials and Surface Science* (Cambridge, 2008), t. 801.
[9] J. L. Harper, 'Adroddiad Blynyddol', 1966/7.
[10] Sgwrs â J. C. Castilla, 15 Gorffennaf 2008.
[11] M. Gavin, *Gazette*, cyf.2, rhifyn 2, Ionawr 1963, t. 7.
[12] W. C. Evans, 'Adroddiadau Penaethiaid', 1961/2.
[13] R. Poole, 'Memories of John Danby', *Staple*, rhifyn 24, haf 2007.

[14] Keith Spalding, *The Long March* (York, 1999).
[15] O. E. Evans, Gazette, cyf.17, rhifyn 1, Hydref 1977, t. 8.
[16] *Gazette*, cyf.14, rhifyn 1, Hydref 1974, t. 9.
[17] Atgofion gan Andrew Thomas, 2007.
[18] Atgofion gan Mair Barnes, 9 Medi 2007.
[19] Cofnodion y Cyngor, 24 Ebrill 1963.
[20] Ibid., 9 Rhagfyr 1964.
[21] Memorandwm i'r Ddeiseb, Tachwedd 1962, BUA, papurau Dafydd Glyn Jones.
[22] C. Evans at D. G. Jones, 6 Rhagfyr 1962, BUA, papurau Dafydd Glyn Jones.
[23] Is-bwyllgor y Cyngor ar Ddefnyddio'r Gymraeg; dogfen a ddarparwyd gan Mr G. B. Owen.
[24] Memorandwm i'r Cyngor, 'Deiseb Iaith Gymraeg', BUA papurau Dafydd Glyn Jones.
[25] Llythyr at y Cyngor, 13 Mehefin 1963; dogfen a ddarparwyd gan Mr G. B. Owen.
[26] Cofnodion y Cyngor, 5 Chwefror 1964.
[27] Ibid., 24 Mehefin 1964.
[28] *Gazette*, cyf.4, rhifyn 2, Ionawr 1965.
[29] 'Dysgu trwy gyfrwng y Gymraeg', 24 Ebrill 1966; dogfen a ddarparwyd gan Mr G. B. Owen.
[30] Cyfweliad gyda Mr G. B. Owen, 5 Mawrth 2008.
[31] C. W. K. Mundle, 'Adroddiad Blynyddol', 1975/6.
[32] J. M. Dodd, 'Adroddiad Blynyddol', 1970/1.
[33] Cofnodion y Cyngor, 27 Mehefin 1973.
[34] Adroddiad y Prifathro, 'Adroddiad Blynyddol', 1975/6.
[35] Ibid., 1973/4.
[36] 'Memorandwm at Lys Llywodraethwyr CPGC', 1971, BUA, papurau Dafydd Glyn Jones.
[37] Cofnodion y Cyngor, 27 Mehefin 1973.
[38] Dyfynnwyd o'r *Gazette*, cyf.13, rhifyn 2, Ionawr 1974, t. 16.
[39] Cofnodion y Cyngor, 23 Ebrill 1975.
[40] Ibid., 25 Mehefin 1975.
[41] Ibid.
[42] Ibid., 4 Chwefror 1976.

Pennod 6

1. Cofnodion y Cyngor, 23 Mehefin 1976.
2. Ibid., 27 Hydref 1976.
3. O. V. Jones at yr Arglwydd Kenyon, di-ddyddiad, BUA, Trafferthion.
4. Cofnodion AUT Bangor, 23 Tachwedd 1976, BUA, Trafferthion.
5. *Caernarfon and Denbigh Herald*, 26 Tachwedd 1976, t.10.
6. Syr Thomas Parry at Syr Charles Evans, 16 Rhagfyr 1976, BUA, Trafferthion.
7. Tri myfyriwr at y Senedd, 20 Mai 1977, BUA, Trafferthion.
8. Cofnodion y Cyngor, 26 Hydref 1977.
9. Syr Charles Evans at holl staff, 16 Ionawr 1979, BUA, papurau Bedwyr Lewis Jones.
10. Cofnodion, Cyfarfod Staff Anghadeiriol, 26 Ionawr 1979, BUA, papurau Bedwyr Lewis Jones.
11. Adroddwyd yng Nghofnodion y Cyngor, 7 Chwefror 1979.
12. B. L. Jones at Syr Charles Evans, 10 Ionawr 1979, BUA, papurau Bedwyr Lewis Jones.
13. Adroddiad Undeb y Myfyrwyr, 'Adroddiad Blynyddol' 1978/9, t.92.
14. Rhys Evans, *Gwynfor Evans: A Portrait of a Patriot* (Ceredigion, 2008), t. 380.
15. Syr Charles Evans at holl staff, 16 Ionawr 1979, BUA, papurau Bedwyr Lewis Jones.
16. J. G. Williams at Syr Charles Evans, 20 Chwefror 1979, BUA, papurau Bedwyr Lewis Jones.
17. B. L. Jones at y Bwrdd Apêl, 7 Chwefror 1979, BUA, papurau Bedwyr Lewis Jones.
18. Syr Charles Evans at B. L. Jones, 23 Ebrill 1979, BUA, papurau Bedwyr Lewis Jones.
19. Cyfweliad gyda'r Athro J. Gwynn Williams, 19 Mawrth 2008.
20. J. G. Williams at aelodau'r Cyngor, 18 Ebrill 1979, BUA, papurau Bedwyr Lewis Jones.
21. Cofnodion y Cyngor, 25 Ebrill 1979.
22. J. G. Williams at C. J. M. Stirling, 10 Mai 1979, BUA, papurau Bedwyr Lewis Jones.
23. Cofnodion y Cyngor, 6 Chwefror 1980.
24. J. G. Williams at y Fonesig White, 3 Rhagfyr 1979, BUA, papurau Bedwyr Lewis Jones.
25. Adroddiad y Prifathro, 'Adroddiad Blynyddol', 1978/9, t. 8.
26. Cofnodion y Cyngor, 24 Mehefin 1981.

27 Adroddiad y Prifathro, 'Adroddiad Blynyddol', 1980/1.
28 Llythyr wedi'i lofnodi at yr Arglwydd Kenyon, 13 Ebrill 1981, BUA, papurau Bedwyr Lewis Jones.
29 Datganiad wedi'i lofnodi, 10 Ebrill, 1981, BUA, papurau Bedwyr Lewis Jones.
30 Syr Charles Evans at Anne McCandless, 9 Ionawr 1979, MHT, papurau Charles Evans.
31 Adroddiad y Prifathro, 'Adroddiad Blynyddol', 1978/9, t. 3.
32 Cofnodion y Cyngor, 4 Chwefror 1981.
33 Aide-memoire ar gyfer cyfarfod gyda'r Arglwydd Kenyon, 8 Mehefin 1981, BUA, papurau Bedwyr Lewis Jones.
34 Yr Arglwydd Kenyon at yr Athro W.L. Wilcock, 12 Mehefin 1981, papurau Charles Stirling (preifat).
35 14 staff uwch at aelodau'r Senedd, 9 Mehefin 1981, BUA, papurau Bedwyr Lewis Jones.
36 Cofnodion y Cyngor, 24 Mehefin 1981.
37 17 o staff at yr Arglwydd Kenyon, 6 Awst 1981, BUA, papurau Bedwyr Lewis Jones.
38 Datganiad gan y Prifathro, 7 Hydref 1981, BUA, papurau Bedwyr Lewis Jones.
39 Gwybodaeth a ddarparwyd gan yr Athro C. J. M. Stirling, FRS.
40 Cofnodion y Cyngor, 7 Hydref 1981.
41 Syr Charles Evans at Syr Edward Parkes, 3 Rhagfyr 1981, Papurau Swyddfa'r Cofrestrydd.
42 Ibid., 23 Mehefin 1982.
43 Adroddiad y Prifathro, 'Adroddiad Blynyddol', 1982/3.
44 Cofnodion y Cyngor, 26 Mai 1983.
45 Syr Charles Evans at Anne McCandless, 5 Mawrth 1975, MHT, papurau Charles Evans.
46 Cofnodion y Cyngor, 27 Mehefin 1984.

Pennod 7

1 Cyfweliad â'r Athro Eric Sunderland, 23 Ionawr 2008.
2 Cofnodion y Cyngor, 27 Mehefin 1984.
3 R. G. Wyn-Jones, 'Adroddiad Blynyddol', 1984/5.
4 Cofnodion y Cyngor, 27 Mehefin 1985.
5 Adroddiad y Prifathro, 'Adroddiad Blynyddol', 1984/85.

⁶ Cofnodion y Cyngor, 25 Mehefin 1986.
⁷ Ibid., 8 Hydref 1986.
⁸ Cyfweliad gydag Alwyn Roberts, 20 Chwefror 2008.
⁹ Cofnodion y Cyngor, 8 Hydref 1986.
¹⁰ G. B. B. Hunter, 'Adroddiad Blynyddol', 1985/6.
¹¹ F. Holliday at E. Sunderland, 4 Gorffennaf 1986, BUA, papurau Dafydd Glyn Jones.
¹² W. Tydeman, 'Adroddiad Blynyddol', 1986/7.
¹³ C. J. M. Stirling, 'Adroddiad Blynyddol', 1986/7.
¹⁴ Syr P. Swinnerton-Dyer at E. Sunderland, 7 Rhagfyr 1986, Cofnodion y Cyngor, 4 Mawrth 1987, Atodiad I.
¹⁵ Cofnodion y Cyngor, 2 Rhagfyr 1987.
¹⁶ *Seren*, 5 Hydref 1986, t. 2.
¹⁷ Ibid., 5 Hydref 1994.
¹⁸ Ibid., 1 Mawrth 1995.
¹⁹ Cyfweliad â'r Athro Gareth Roberts, 1 Mai 2008.
²⁰ Cofnodion y Cyngor, 5 Hydref 1994.
²¹ Ibid., 28 Mehefin 1995.
²² Cofnodion y Senedd, 6 Gorffennaf 1998.
²³ Cofnodion y Cyngor, 25 Mehefin 1997.
²⁴ 'Safbwynt Bangor mewn ymateb i Strategaeth y Cynulliad', Ebrill 2002.
²⁵ Cofnodion y Cyngor, 4 Hydref 2002.
²⁶ Ibid., 18 Rhagfyr 2003.
²⁷ Cyfweliad â'r Athro Roy Evans, 22 Chwefror 2008.

Mynegai

Aberdare, Yr Arglwydd 2–3
Aberdare, Adroddiad 2
Aberystwyth, Prifysgol 2–3, 5, 8–9, 30–1, 40, 125
Alexander, Ian 60, 75
Anderson, Michael 98
Andrew, Raymond 61, 72
Anrhydeddus Gwmni'r Brethynwyr 28
Archer, R. L. 27
Arnold, E. V. 9–12, 34
Athrofa Addysg Uwch Gogledd Ddwyrain Cymru (NEWI, Prifysgol Glyndŵr yn ddiweddarach) 120–1, 122

Berlin, Syr Isaiah 62
Black, Duncan 60
Blunt, Syr Anthony 76
Bourdillon, Tom 66
Boyd, T. J. M. 80
Brambell, F. W. Rogers 38, 43, 49, 61, 65, 73
Bryan, G. H. 26, 59

Caer, cynhadledd 4
Cahn, R. W. 72, 73

Castilla, Juan Carlos 73
Chambers, Ll. G. 60
Cherry, Joe 102
Clark, Syr Kenneth 45
Clarke, M. L. 60, 76, 80
Cledwyn o Benrhos, Yr Arglwydd 119, 121
Clwyd, Ann 62
Coleg Nyrsio a Bydwreigiaeth Gogledd Cymru 114
Coleg Radiograffeg Gogledd Cymru 115
Coleg y Brifysgol, Llundain (UCL) 45–6, 58
Coleg y Santes Fair 76, 83–4
Comisiwn Haldane 31
Cowling, Thomas 59
Crisp, Dennis 61, 64, 73, 98
Cylch Darlithwyr Cymraeg 95
Cymdeithas y Cymric 77, 91–3
Cymdeithas y Cyn Fyfyrwyr 42, 105
Cymru, Prifysgol 12–13, 30–1, 61, 63, 78, 111, 117, 125
Cymru, Tywysog (a Thywysoges) 98
Cyngor Coffa, Arwyr Gogledd Cymru 31

MYNEGAI

Danby, John 74
Daniel, Adroddiad 15
Darbyshire, Jack 71
Davidson, Jane 122
Davies, Dennis 67
Davies, E.T. 32
Davies, J.A. 83–4
Davies, John Howard 108
Davies, M. W. Humphrey 42, 112
Davies, Muriel 41
Davies, W. Cadwaladr 6, 9
Dobbie, J. J. 8, 23, 34
Dodd, A.H. 39, 46, 58, 59, 70, 73
Dodd, J. M. (Jimmy) 81, 98

Eames, Aled 81
Edmund-Davies, Yr Arglwydd 98
Edward VII, Y Brenin 28
Edward, Tywysog Cymru (Edward VIII yn ddiweddarach) 31
Edwards, William 6
Eliot, T. S. 62, 74
Elis-Thomas, Yr Arglwydd 121
Evans, Syr D. Emrys 35–6, 42, 44, 47, 57, 61, 62, 63, 64–5, 70, 78
Evans, E. Keri 10–12
Evans, Dr Griffith 10, 40
Evans, Gwynfor 95
Evans, Ifor L. 35
Evans, Meredydd 47
Evans, Neuadd Emrys 71
Evans, Syr R. Charles 66–8, 69–70, 77, 79, 81, 82–3, 92, 96–7, 98, 99, 100–5, 108, 118
Evans, Roy 118, 119, 120, 123–4
Evans, Wallis 97
Evans, W. Charles 60, 73–4, 98
Evans-Jones, Albert (Cynan) 29, 60

Fender, Syr Brian 120
Fogg, G. E. (Tony) 81, 98
Foster, Syr Idris 65
Fynes-Clinton, Osbert 24

Garlick, Raymond 49
Gavin, Malcolm 62, 73
Gee, Thomas 3, 6
George, David Lloyd 11, 28–9, 31
George, Y Fonesig Margaret Lloyd 36

George V, Y Brenin 29
George VI, Y Brenin 57
Gibson, James 27
Gladstone, Yr Arglwydd 41
Gray, Andrew 7, 23, 34
Green, J. A. 27, 34
Greig-Smith, Peter 72
Gross, Fabius 61
Gruffydd, Moses 33
Gruffydd, R. Geraint 59, 60
Gwesty'r Penrhyn Arms 7, 27, 31

Hannah, David 112
Hardie, Norman 68
Harlech, Yr Arglwydd 48, 58
Hare, Henry T. 28, 32
Harper, John L. 72, 98
Heywood, Glyn 102
Hillary, Syr Edmund 66, 67
Hobart, John 46
Hooson, Emlyn 84
Hudson-Williams, Thomas 24, 43
Hughes, E. D. 58
Hughes, Eric 95, 102
Hughes, Frances 9–12
Hughes, Hugh Price 11
Hughes, T. Rowland (darlith gelf) 76
Humphreys, Emyr 71
Humphreys, G.A. 48
Humphreys, Gwilym 114
Hunt, Y Cyrnol John 66
Hunter, Geoffrey 98, 111

Iwan, Dafydd 92

Jackson, Syr Willis 71
Jenkins, D. W. T. 65, 116
Jenkins, R. T. 39, 59
Jones, Y Fonesig Artemus 65
Jones, Bedwyr Lewis 95–7, 116
Jones, Cledwyn 47
Jones, D. James 40, 43
Jones, Edward Taylor 23
Jones, E. H. 40, 47
Jones, Syr Elwyn 100
Jones, Emyr Wyn 108
Jones, Geraint Stanley 63
Jones, Syr Henry 5, 6, 9, 34, 40
Jones, O. V. 92, 100, 103

Jones, R. Merfyn 124–5, 126
Jones, Thomas (T.J.) 31, 97
Jones, W. Gareth 121
Jones, W. Garmon 35
Jones, W. Lewis 24, 29, 34

Kenyon, Lloyd, Yr Arglwydd (4ydd Barwn) 28, 34
Kenyon, Yr Arglwydd (5ed Barwn) 58, 79, 96, 100, 101, 102, 108
King, Roy 98

Lascelles, Arthur Moore 30
Lawrence, Kenneth 60, 79, 96
Leavis, F. R. 76
Lewis, C. S. 44
Lewis, Henry 10
Lewis, Hywel D. 42, 75
Lewis, Saunders 36, 74, 77
Littlewood, D. W. 60

Lloyd, Syr John Edward 9, 25, 32, 35, 37, 58
Llys Tryfan 81
Llywelyn-Williams, Alun 59, 70, 98
Lowe, C. Fergus 115
Lucas, Ian 81

McCandless, A. 69, 99
Mars-Jones, Sir William 102, 108, 118
Mathews, George Ballard 7, 9, 23, 34
Mathias, William 75, 98, 116
Miles, T. R. 60, 70, 81
Mobbs, Eric 61
Môn, 6ed Ardalydd 28, 58
Morgan, Dyfnallt 60
Morin, Denise (Y Fonesig Evans) 69
Morris, Jan 66, 67
Morris-Jones, Huw 42, 71
Morris-Jones, Syr John 7, 8, 25, 31, 35, 36–7
Morris-Jones, Neuadd 82, 93, 108
Mowat, C. L. 74
Munby, A. E. 32
Mundle, Clement 75, 80
Murdoch, Iris 76

Neale, Syr, J. E. 45
Neuadd Prichard-Jones 44, 57, 76

Newing, R. A. 60
Normal, Coleg 63, 76, 83–4, 116–17, 116, 117, 122

O'Reilly, Syr John J. 115
Oriel Genedlaethol, Yr 44, 57
Orton, J. Kennedy 23, 37
Osborn, Violet 9–12
Owen, G. B. 64
Owen, Edwin A. 43, 44
Owen, Isambard 28

Palmer, F. R. 71
Parc yr Esgob 27
Parkes, Syr Edward 99
Parry, Syr Thomas 42, 59, 65, 78, 93
Paul, R. J. A. (Bob) 73
Peat, Stanley 58, 61, 64
Perrin, Jim 69
Phillips, R. W. 24
Pilkington, Charlotte Mary 12
Plas Gwyn 71
Porth Coffa, Y 31
Powis, Iarll 3, 5, 9
Prichard-Jones, Syr John 29
Pye, Philip 114

Rands, Bernard 75
Rathbone, Mary 31
Rathbone, Neuadd 71
Rathbone, William 4, 5, 9, 11, 28
Reardon, Brian 80
Rees, Edward 108
Rees, J. Morgan 40
Reichel, Syr Harry Rudolf 6, 9–12, 24, 29, 32, 34
Reichel, Neuadd, 47–8
Revell, J. R. S. (Jack) 81, 101
Richards, Melville 74–5, 79
Richards, Paul 60, 73
Richards, Robert 32
Richards, Thomas 37, 43
Robbins, Keith 80
Robinson, Daphne 42
Robinson, G. W. 38
Roberts, Alwyn 98, 108, 110, 117
Roberts, Bleddyn J. 75
Roberts, E. J. 59, 70
Roberts, Syr Gareth 72

Roberts, Glyn 58, 60, 65, 69
Roberts, Goronwy 41
Roberts, H. Gareth Ff. 116, 119
Roberts, Kate 29
Roberts, Kate Winifred 77
Roberts, R. Alun 38, 43, 70
Roberts, R. Silyn 27
Roberts, Wilbert Lloyd 63
Roberts, W. Rhys 7, 23
Roche, Laurence 81
Rowley, Harold 40

Rhaglen Prifysgol Gymuned Gogledd Cymru 120

Sagar, Geoffrey R. 108, 110
Scott, Michael 122
Shankland, Thomas 25
Simonsen, J. L. 38, 47
Slade, Howard 102
Smith, Denzil Taylor 112
Smith, Martin 98
Smith-Brindle, Reginald 75
Smyth, Frederick 103
Spalding, Keith (Karl Heinz Spalt yn wreiddiol) 60, 74–5
Stephenson, Ian 97, 101
Stirling, Charles J. M. 80, 111
Sunderland, Eric 107–8, 109, 110, 118
Sutherland, Mary 29

Tate, Henry 7
Thoday, David 38, 44
Thoday, John 38, 42
Thomas, Dafydd Ap 42, 46
Thomas, Dr Evan (cymynrodd) 7
Thomas, Yr Athro Gwyn 109
Thomas, Gwyn R. 103
Thomas, Syr John Meurig 72
Thomas, Syr Robert 31
Thomas, R. S. 62, 111
Triawd y Coleg 47

Theatr Gwynedd 81, 125

Undeb y Myfyrwyr 81, 110

Valentine, Lewis 33
Vincent, Syr William 45, 48

Walden, Yr Arglwydd Howard de 48
Watson, D. M. S. 45
Webster, J. R. 80
Wells, G. P. 45
West, W. E. Sackville 6
Westminster, Dug 4, 11, 28
Wheldon, Syr Huw 40
Wheldon, Syr Wynn 32, 35, 40, 65
White, Y Fonesig Eirene 97
White, P. J. 24, 36–7, 38
Wilcock, W. Leslie 80
Wilcox, Max 82
Williams, D. Parry 75
Williams, Archesgob G. O. 92
Williams, Syr Ifor 29, 32, 39, 59
Williams, Iolo Wyn 98
Williams, J. E. Caerwyn 42, 59, 75
Williams, J. Gwynn 60, 62, 74, 79, 96–8, 100
Williams, J. Lloyd 24
Williams, J. Mark G. 119
Williams, J. O. 72
Williams, Robin (Triawd y Coleg) 47
Williams, Yr Athro Robin 72
Williams, W. E. 26, 62
Williams Parry R. 59–60

Winter, Thomas 24
Winters, L. Alan 112
Wright, H. G. 40, 47
Wycherley, R. E. 60, 80

Yamani, Sheikh 109